心营销

陈荣华 著

Marketing for Share of Soul

营销3.0的人文解读及实践

人民东方出版传媒
People's Oriental Publishing & Media
东方出版社
The Oriental Press

推荐序一

解码《心营销》：
从理论到实践的营销心法

在营销的世界里，每一个角落都充满了无尽的可能和挑战。在这个瞬息万变的市场环境中，如何找寻一条打通营销理论到实践的心法，是许多营销人都在探寻的问题。太阳雨集团总裁陈荣华先生在其新书《心营销》中，以他二十多年来营销工作生涯为画布，为我们描绘了一幅色彩斑斓、激情澎湃的营销画卷。

市场营销类的书籍在市面上已不胜枚举，然而以营销为主题，以人文为灵魂的作品却如凤毛麟角，《心营销》正是这少数优秀作品中的一股清流，独树一帜。营销的根基在于人，而人的内核则在于心。无论是经营企业还是经营人生，其核心就是经营人心。

在变化无常的营销世界中，方法层出不穷。然而所有方法背后，更重要的是以不变应万变的心法。这正是陈荣华先生《心营销》一书的独特魅力所在。他以真实的故事、真实的场景、真实的案例为基础，为我们从组织、品牌、产品、价格、渠道、促销、服务以及营销人等多维度展示了营销的艺术与魅力、揭示了营销的实质和精髓。

在竞争激烈的营销江湖中，他不仅身在其中、深入其中，更是乐在其中。在他看来，营销不是一个多么高深的学问，很多事情也没有大家说的那么难。在营销领域中充满的各种挑战，对他来说正是乐趣所在。而能享受其中的关键就是陈荣华一直强调的要掌握营销心法或者说营销思维。在与他交流的过程中，我经常会听到他提及诸如："双向思维""逆向思维""系统思维""逻辑思维""创新思维"等词，同时他也会强调："要能够变通""要懂得转化""要学会整合""要换位思考""要有同理心"等等。这些思想不仅贯穿于他的整本书中，更在许多篇章中得到了充分体现。诸如"竞争的本质"、"成就才是最好的控制"、"遇见自己"、"营销的双向思维"、"营销的三度空间"以及"让品牌有一颗虔诚的心"、"撬动组织内生力的三个支点"、"问题背后的问题"、"谋势突围，从心开始"、"营销人的两种气质"、"营销经理人的六项修炼"、"真实的力量"等等。在通读这本书的过程中，我时常能够领略到那种营销思维应变自如的巧妙以及营销心法无处不在的魅力。

总的来说，《心营销》是一本以实战经验为基础，既有营销工作的实用性，更有人生成长的启迪性的营销人文类书籍。它不仅为我们提供了在营销工作中好的思路与好的做法，更为我们打开了新的视角，给我们的人生成长与发展带来无穷的智慧与力量。无论你是正在从事营销工作的专业人士，还是对营销领域感兴趣的读者，我都推荐你读一读这本书。

最后，我要感谢陈荣华先生为我们分享了这么多宝贵的经验和独到的见解。我相信，每一个读过这本书的人，都会从中受益匪浅。让我们一起跟随陈荣华先生的脚步，打开《心营销》，去探寻营销的奥秘，共同迈向我们更加成功的未来！

中国广告协会专家顾问委员会主任
中国新广告研究中心主任
上海师范大学影视传媒学院教授，博士生导师
金定海

推荐序二

人心江湖

人心即江湖,这话一点没错。

初次与荣华老弟相识,那还是2008年的事情,因为太阳雨残奥助威团,因为中国残联,我们相识于北京。第一眼便觉得这是一个非常有趣的人,有着非常清晰的营销人的特质,江湖感与人文精神,在他的身上同时存在,并行不悖。

金庸大师的离世,是一个时代的终止,但江湖的种子和岁月,早已深植于一代又一代人的心中,萌发出众多的江湖豪情与传奇故事。陈荣华,也不例外,真切、爽朗、智慧、快意恩仇。江湖感,这种中国营销人极为显著的特征,在这位太阳雨CEO的身上,表现得尤为淋漓尽致。

经营企业就是经营人心,对外是客户,是用户,经营的是产品与欲望;对内是自己,是员工,经营的是价值与梦想。江湖风雨,人心浮沉,都系于帷幄之中。一个流传的故事,一帮追随的兄弟,一拨出色的对手,塑造出一个品牌的江湖传奇。陈荣华,是个中高手。太阳雨残奥助威团、寻找最美乡村教师、世博会生命阳光馆……承载于阳光浴室,以及太阳雨的一年一大事策略,折腾出的不仅仅是名气,更有无数太阳雨拥趸。

1989年,我与中国知名报人丁望先生一起创办《中华工商时报》,开启中国财经厚报时代;随后开设专栏,杂谈股市;2007年,接手《华夏时报》,完成从都市到财经报纸定位的转型。这一路的林林总总，磕磕绊绊，我把报纸当成一门生意，一种修行，始终没有跳脱"财经"两字。而荣华老弟也是这样的人。我出生于1964年，他出生于1974年，我们之间整整差了十年，但同是在上海念的大学，一个在复旦大学，一个在同济大学。从经营同济大学后勤服务公司开始，在他的身上，深深烙印的，是"营销"两字。缘分真是一种奇妙的关系。

营销的本质就是建立关系。菲利普·科特勒先生所说的营销3.0，其实就是指基于人文精神的买与卖的关系重构。自乔布斯的苹果开始，"科技+人文"的浪潮日渐风行，激荡碰撞，然后横扫全球市场的各个角落。关税之战、进口战的背后，是全球价值链和生产可能性边界的调节，仍是那只看不见的手在支配着整个经济的动态平衡。连接与在线，成了营销的新常态。移动互联网、智能终端的快速普及，颠覆传统，加速产品研发及迭代周期，用户被纳入到整个营销的网络节点之中，是消费者，也是创造者。人心与人性，在整个营销的生态体系里，被赋予了新的价值与意义。

行走于营销的江湖，白驹过隙，风云变幻，营销人需要的不仅是良好的江湖感，更需要一份人文精神与情怀的执念。作为CEO，营销管理能力、资源整合的能力、市场应变能力，需三位一体。营销比拼的就是眼光与思维，开源与包容，拥抱变化，秉持中道，才能洞见本质，游刃于江湖。

人之所见，都是心的选择。

我对荣华老弟的这些印象，都流淌在这本《心营销》的字里行间。

著名财经评论家
《华夏时报》总编辑
水 皮

自序一

心灵归处

近日，应东方出版社策划人姜云松老师之约，计划对我2019首版的《心营销》增订、再版。籍此，我自己也顺势对过往30年的营销生涯，做了一次阶段性复盘。

营销，是一条孤独的道路

1993年夏，同济大学入学报到，第一次远离安徽老家的我，深深地被上海的繁华和璀璨所震撼。自己骨子里安徽人对于商业执着的血脉，第一次被唤醒。从家教，到承包报亭、录像厅，再到创立后勤服务公司，大学四年的历练为我此后的营销生涯开了一个好头。

1997年大学毕业后，入职海尔，在南京分公司地板和库房度过的那些岁月，深深烙印在了我的生命年轮之上。1997年至2002年，在海尔平台的持续成长，不仅仅使得我有机会实践了家电行业的渠道下沉策略，更积累了丰富的品牌和市场运作经验。五年，自己从一个毛头小伙，最终蜕变为一名成熟的职业经理人。

2002年，因为被猎头公司猎中，我进入了一家新能源企业。自此，我的余生与中国新能源产业结下了不解之缘。在这里，组建行业内第一个市场部，完成该品牌的市场推广，在新能源领域，我积淀了丰富的营销实战经验。

2004年至2006年，重回上海，任职于荷兰Hunter Douglas。荷兰亨特集团是一家上市的全球控股集团，主要从事建筑产品、窗饰产品的制造、销售和服务，以及金属加工、精密机械生产和金属期货交易等业务。在亨特上海，我主要从事营销管理工作，致力于跨国公司的本土化运营。这次宝贵的经历，使我具备了国际化视野和本土化运营的双重能力。

2007年初春，在太阳雨董事长徐新建先生的多次盛情邀请之下，我来到这座传奇的苏北城市，重回新能源，执掌太阳雨，全面负责太阳雨集团运作。夺标央视，领跑太阳能家电下乡，缔造中国太阳能光热A股主板市场第一股（603366.SH，日出东方），推动太阳雨空气能入驻珠峰大本营……2007年至今，通过精准的战略定位与执行，太阳雨抓住了所有能抓住的机会，也创造了中国新能源领域的一个又一个奇迹。

回望来路，完成脚营销、脑营销、直觉营销的三次迭代，别人能看到的是我的一个又一个所谓成功的标签，看不见的，是这一路上的孤独与悲欢。营销，意味着战略选择，意味着取舍与抉择。为人子，为人夫，为人父，我始终是缺位的存在。如《攀登者》一样，这条路，只能由自己一步步去走，无人可替。

营销，是一条丰盈的道路

2023年10月8日晚，杭州亚运会圆满落幕，中国再次以中国水准完成了一次世界级营销。人不是因伟大而梦想，人是因梦想而伟大。DREAM BIG！这就是营销的魅力！

营销，是洞察与再创造的价值增值过程，更是一次丰盈的收获之旅。

2008年，驰援汶川，援助残奥，酣战央视黄金广告资源招标会；2009年，创建中国新能源行业首个国家级公益慈善基金——太阳雨公益慈善基金；2012年，孟加拉达卡，应邀出席首届世界营销峰会（WMS）并作主题演讲，与"现代营销学之父"菲利普·科特勒、"整合营销传播之父"唐·舒尔茨，以及来自世界各地的政要、商业领袖、顶尖学者共探可持续营销之路；2014年，签下西甲联赛，成为LFP中国首个战略合作伙伴，开启巴西世界杯传奇之旅；2016年，入选中国企业家代表团应邀访问瑞典，并作为企业代表受时任瑞典首相斯特凡·勒文接见，探访斯德哥尔摩皇家海港生态城、拜访宜家、沃尔沃……

还有，和央视、光明日报的一次次寻找"最美乡村教师"之旅；和韩红老师的一次次百人公益援助之旅；和林志玲的品牌联盟、公益实践之旅；和中科院纳木错观测站、珠峰大本营的极限挑战之旅……

一个个闪耀的名字与我们相遇、交织。太多的一次次，最终汇聚成太阳雨"一年一大事"的主旋律，为一个世界级新能源品牌的成长，留下了最好的注脚和回音。

营销，是一条回归的道路

我的老师，原长江商学院副院长、京东首席战略官廖建文先生曾说："人所有的极限都来自于认知的极限。"

伴随着认知半径的不断拓展，当初，长江商学院与中欧EMBA双录取之间的抉择，以及此后的负笈游学，使我明白了一些事情。物，人，人性，营销从1.0到3.0的进阶演化，其实就是一条心灵的回归之路。

彼得·德鲁克、菲利普·科特勒、迈克尔·波特、詹姆斯·马奇……如繁星璀璨。在汲取、实践西方现代管理与营销经验的过程中，我发现：向内的路才是向外的路。这些大师的智慧，与安徽怀宁乡下一个老太太（我的母亲）的朴素话语，与阳明先生等众多中国先贤圣哲的思想，在某一刻，奇异地交织在一起。也是在那一刻，我明白了之前一位国学老师叮嘱我的那句话："有"上已尽，需"无"上努力。

站在东盐河西岸，夜色灯光中，水波摇曳，一路向北，向东，最终奔流入海。营销，这世间的八万四千法门之一，最终能带我们去向的，正是人类文明的故乡和起源。

3060双碳目标在前，成就超级IP太阳雨，我们仍需躬身前行。

是以为序。

2023.10.09
于连云港·东盐河畔

自序二

营销赢思维

《一千零一夜》源自一个传奇的故事，相传在古阿拉伯的海岛上，萨桑王国的国王山努亚，因盲目听信了海中女妖的话，认为所有女人都是不可信赖的。在他发现王后行为不端后便杀死王后，之后的他存心报复，每天娶一个女子，次日便杀掉再娶，完全沦为一名暴君。这样年复一年，山努亚整整杀掉了一千多个女子。宰相的大女儿山鲁佐德，对父亲说她要嫁给国王，试图拯救成千上万的女子。山鲁佐德进宫后每天晚上都给国王讲一个故事，而且只讲开头和中间，不讲结尾。国王为了听故事的结尾，就把杀山鲁佐德的日期延迟了一天又一天。就这样，山鲁佐德的故事一个比一个精彩，一直讲到第一千零一夜，终于感动了国王。就这样，山鲁佐德用智慧拯救了一个国家的女性。

叔本华有一句名言：事物本身并不影响人，人们只受对事物看法的影响。面对相同的世界，每个人看到的却是不同的侧面，纷繁世界千差万别的背后其实是思维的不同。思维之于行为，好比路径之于流水，思维导向决定了行为实践的走向。在我步入营销领域的第27个年头，回首这段历程，从摸爬滚打的一线打拼，到布局谋略的营销管理，用自己的话讲是经历了脚营销、脑营销到直觉营销的蜕变，这是独属于自己的营销之路，而思维就是这条路的导向。有人的地方就有思维的较量，营销是一个比拼思维的战场，成就抑或是困局，根源就在于思维。

我有一个坚持记工作日记的习惯，渐渐地形成文章，发表在营销杂志的专栏里，继而有了自己的书《心营销》，每一篇文章都是我在营销探索中自然生发的体悟。有人问为什么会想到把这些都写下来。一方面，通过书写和记录沉淀思考和观点是我偏爱的方式；另一方面，也是最核心的——开放的理念，只有开放才会打通与世界的互动，在相互激发中碰撞出更多的智慧和价值。《心营销》一书悉数记录了我的营销感悟，这些思维的火花不是传统营销理论的赘述，也谈不上营销理论新的创造，我的初衷是将这些感悟分享给同样奋战在营销战场上的同行，同时他们也给了我很多灵感和启发。

在信息爆炸和共享便捷的时代，任何领域都不乏有见解的观点，而往往在这个时候，我们容易掉入淡忘常识的陷阱中。何为营销？怎样营销？这类最基本的问题却往往成为困扰企业的问题。所以我首先抛出的观点就是回归营销本原，也就是营销最核心的机理，在这点上下足功夫，才能形成正确的营销认知，明确营销的方向。但只有正确的营销认知还不够，还要建立营销无边界思维，即本书中打破营销疆界的部分。这一部分可以看作开放理念的具体应用，包括横向、纵向和斜向的疆界跨越和整合。同时，营销要抓住关键的着力点，要通过对品牌和渠道建设持续发力，撬动营销支点，达到以小博大的快速超越。而打破营销的疆界和撬动营销的支点，最终都是为了谋势突围，激活市场的能量，在竞争中不断塑造和夯实企业形象、创造品牌价值。

思维也好，营销也好，最终都离不开人。营销是一门关于人的艺术，人是一切营销活动的载体，也是现代企业营销中最容易被忽视的一个环节。营销是营销人思维的博弈，更是团队在市场上稳扎稳打、众志成城的耐力比拼。我将营销人自身的能力体系建设归纳为四大板块，每一个板块都贯穿了营销思维。首先是正确的观念，"观念"一词源自古希腊的"永恒不变的真实存在"。十几年的营销之路上，我坚守对营销学的正确认知，坚定对营销事业的信念。其次是积极的态度。古人云："为之，则难者亦易矣。不为，则易者亦难矣。"很多事情不是做不到，而是不去做。百分百的意愿才能催生百分百的方法，在困难面前，积极的态度是成功的一半。再次是科学的方法，良好的方法能够发挥天赋的才能，而拙劣的方法只会妨碍才能的发挥。营销有章可循，章法源自市场，源自集体碰撞的智慧。以务实的精神，把握科学方法，灵活践行方法，才能赢得营销战场的胜利。最后，也是最关键的——贯彻的执行。军令如山，众志成城，军人的功绩在战场，营销的战场在市场。攻无不克，战无不胜，靠的是铁一般的执行力，而这正是营销铁军的灵魂。

阿玛蒂亚·森在他的《正义的理念》中谈道："天国不在地上，人永远在路上。行动意味着一切，去努力，去改变，而不是停留在乌有之乡。生命是一个渐进的过程，不是一个停滞的、终极的美好秩序。人，永远在路上。一个时代，一个国家，一个渐渐展开的社会，也是如此。"营销也是如此。

目 录

第一章 回归营销的本原

做自己的首席营销官 …………………………………… 003
2016 找回质朴的力量 …………………………………… 006
回归营销的本原 …………………………………………… 009
营销的天地人和 …………………………………………… 012
营销的思想、方法及行为 ………………………………… 016
做营销讲究"知后行先" ………………………………… 019
形式与内容 ………………………………………………… 023
洞察形式，穿透本质 ……………………………………… 026
竞争的本质 ………………………………………………… 029
我们的法则 ………………………………………………… 032
拒绝战略远视症 …………………………………………… 035
成就才是最好的控制 ……………………………………… 037
遇见自己 …………………………………………………… 040
做自己的 shaper（塑造者）……………………………… 042
"被"营销 ………………………………………………… 045

第二章　打破营销的疆界

不对称的美 ………………………………………… 051
优势营销 ………………………………………… 054
大品牌的"小"运作 ……………………………… 057
营销做势与做事 ………………………………… 060
营销的双向思维 ………………………………… 064
积则增，消则怠，拼则赢 ………………………… 067
网时代，谁动了你的奶酪？ ……………………… 070
影响力的境界 …………………………………… 073
营销的价值认同 ………………………………… 076
坚持与创新 ……………………………………… 079
转化的艺术 ……………………………………… 082
节奏感 …………………………………………… 085
营销创新再出发 ………………………………… 088

第三章　撬动营销的支点

营销的三度空间 ………………………………… 093
发现品牌的 DNA ………………………………… 097
让品牌有一颗虔诚的心 ………………………… 100
渠道网络的变革之道 …………………………… 103
渠道选择的三力模型 …………………………… 106
"十化"运营　赢在终端 ………………………… 109
"Less is more"的营销法则 …………………… 113

营销机制的痛点 ································ 116
棋行营销 ······································· 119
生态营销 ······································· 122
撬动组织内生力的三个支点 ················ 125
融入互联网　重仓年轻人 ···················· 128
传播的互联网化 ······························· 133
营销的订单法则 ······························· 136
"三化"管理 ··································· 139
渐入佳境的三节跳 ···························· 142
知止的智慧 ···································· 145

第四章　激活市场的能量

问题背后的问题 ······························· 151
谋势突围　从心开始 ························· 154
质变引起量变 ·································· 157
从《致青春》看情感营销 ··················· 160
"三杰"合力　以快制胜 ···················· 163
"一年一大事"的营销策略 ················· 167
"广告人"的营销困局 ······················· 170
破除萧条的伪命题 ···························· 174
跳出确定性迷恋 ······························· 177
与虚无划清界限 ······························· 180
向死而生的辽阔 ······························· 183
向内的路才是向外的路 ······················ 186
要么粗暴，要么美妙 ························· 189

要么打工，要么创业 ··· 192
要么创新，要么执行创新 ··· 195
要么创造价值，要么传递价值 ·································· 198
从批判走向建设 ··· 201
创造你的意义 ··· 204
长出来的企业文化 ·· 207

第五章　营销人：梦想照进现实

营销的信仰 ··· 213
本色营销 ·· 216
营销人的两种气质 ·· 219
营销人的三种能力 ·· 222
营销经理人的六项修炼 ··· 225
看人的六个面 ··· 228
能力向上，耐力向下 ·· 231
年轻人的成长三部曲 ·· 234
稻作性格和电玩性格的差异与共融 ··························· 237
好市场是由聪明人下笨功夫做出来的 ······················· 240
接下来该做什么？ ·· 243
真实的力量 ··· 246
再谈真实的力量 ··· 249
做一个现实的理想主义者 ··· 253
太阳雨定义自然新科技 ··· 256
太阳雨　一个超级符号的态度 ·································· 259
i+蜕变，创见未来 ·· 262

提高心性　拓展经营 …………………………………… 265
在坚持中创新 ………………………………………………… 268
创新创业　创见未来 …………………………………… 271
从"新"开始　创建未来 ……………………………… 274
低碳之世，舍我其谁 …………………………………… 277
双碳新赛道，太空能领跑 …………………………… 280
寻找正在发生的未来 …………………………………… 283

后记　梦想的力量 ……………………………………… 287

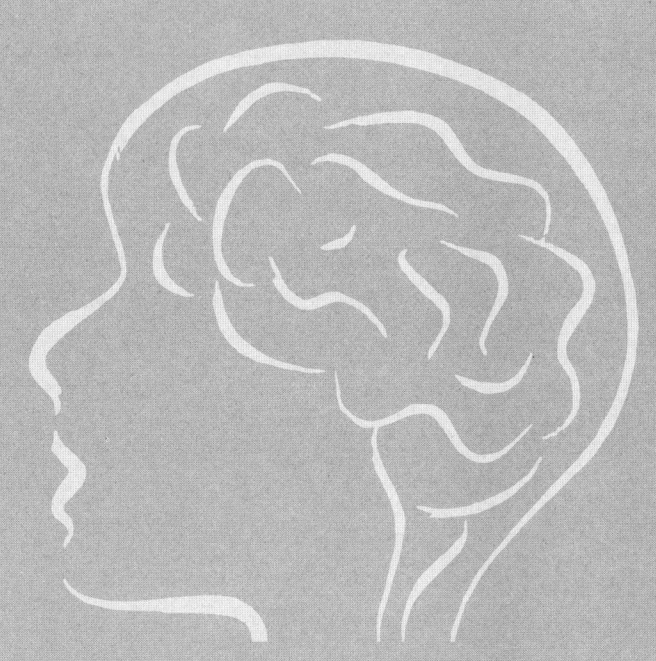

第一章
回归营销的本原

做自己的首席营销官

人的一生都在做一件事，那就是经营自己的名字。你的名字就是你的品牌，你就是这个品牌的首席营销官。

定位即你的身份。也许你有许多不同的身份，但定位一定要体现你的核心竞争力。在太阳雨，我们提倡每一位员工定期更新自己的简历，以此来验证每一位员工在最近一段时期有没有为自己增值，是否强化了自己的核心竞争力。人在职场上的进阶也是一个以自己的定位为目标，不断为自己重新命名的过程。我至今保存着自己20多年职业生涯的每一张名片，它们不仅是我在职场打拼的踪迹，也见证了我不断通过努力工作为自己重新命名的过程。

VI设计即你的仪表。作为生产制造企业，太阳雨对内勤服务人员的仪表要求是穿工装，对外勤销售人员的要求是着正装。在2012年10月的大区经理述职报告会上，一位请假的大区经理让手下的业务经理代为出席。这位业务经理是一个小伙子，衬衣、西装、皮鞋一件都不少，可是衣冠不整，怎么看怎么别扭。他发言结束后，我对他说："如果我像你这个年纪，遇到这种难得的自我展示的机会，一定会在前一天去剪头发、熨衣服，把自己收拾得清清爽爽才上台。"在职场，仪表是判断一个人是否专业的一个指标。记得以前某洗发水品牌做过一个广告，上司在委任时选择了两个候选人中头发更干净整洁的一位。很多人在买东西的时候会完全被产品的外观吸引,进而购买。品牌 VI 是品牌与消费者沟通的一种方式。同理,你的仪表也在向别人传达你是一个什么样的人。

产品即你的知识结构。知识结构有软硬之分。硬知识即你在专业层面的理论积累与实践经验,如营销理论与市场经验;软技能即无论你从事什么工作都会用到的能力,如沟通、谈判等。对于一名销售人员来说,如何根据甲方的办公室判断其喜好与行事风格,从而找到沟通的破冰点,就是一种很重要的软技能。品牌需要不断地开发新产品,人的知识结构也需要不停地扩展和丰富,这就相当于丰富自己的产品线,让自己能够满足更多人的需求,创造更大的价值。有"美容谷歌"之称的牛尔就是一个知识结构合理、个人产品线十分丰富的人。看他在《牛尔18年》描述自己的营销经历,从市场分析、产品定位、命名,到海报设计、软文撰写、货品陈列,再到公关活动、媒体关系、危机处理……市场部所有要干的活儿,他一个人都能搞定。这样全面的营销能力,是他的网络美容化妆品牌成功的基础,也是"牛尔"个人品牌牢不可破的根基。

渠道即你的人脉。产品需要通过渠道销售出去,个人则需要建立人脉把自己推介出去。Web 2.0 时代、SNS 社交网站和微博的兴起,让人脉变得前所未有地漫无边际。有个小姑娘一时兴起用某打印纸品牌的 6 个纸箱 DIY 了一个书架,拍了张照片发在自己的微博上,结果网友不停地转发这条微博,最后竟然传到了这个品牌市场部人员那里。于是这个品牌的公关人员主动联系这个小姑娘,跟她讨论创意问题,承诺给她更多的资源,满足她的创作欲望。如今,快速消费品品牌都在研究基于网络的互动营销,于个人而言,SNS 社交网站和微博渐渐成为社交工具。还有一些人通过搭建主题博客,有了自己的支持者,建立了自己的个人品牌,比如创建 GTDLife 时间管理主题博客的邹鑫。对于曝光率不高,也没有太多传播资源的草根阶层，互联网就是一个扩展人脉、打造个人品牌的利器。

文化即你的核心价值观。产品是企业价值观的载体。太阳雨的品牌 DNA 是"温暖与关爱"，于是"生态公益，反哺社会"成为太阳雨的公益文化。人在输出自己知识体系的同时，也在输出自己的价值观。如果人们对一个品牌有着极高的忠诚度，那么对品牌的核心价值观就一定有着高度的认同。买一个人的账大多时候是基于认同对方的价值观。许多人喜欢看连岳的专栏，就是因为喜欢他在字里行间娓娓道来的那种温暖的价值观。

营销的方方面面，都能应用到个人品牌的经营中。创意达人李欣频是打造个人品牌的一个范本，她的定位是"台湾文案天后"，她的产品是广告文案、出版物和旅行经历，她传递的价值是：好到不想跟任何人交换自己的人生。当个人品牌开始形成，有了一定的影响力，很多品牌营销的举措就开始发挥作用。在李欣频的博客上，你可以登记自己的 e-mail 地址，每每她有新书出版或是要到哪所高校演讲，都会有设计精美的邮件精准地投放到追随者的邮箱中，这就是应用了 EDM 电子邮件营销。

做自己的首席营销官，好好经营你自己，将你的形象、知识、人脉、价值加以整合，形成自己的定位进而推广它，打造你独一无二的个人品牌。

2016　找回质朴的力量

　　2016年1月，集团组织台湾行参观学习当地企业，初见表面朴实无奇，没有任何条幅和口号，也没有炫目的建筑，相比大陆多数企业工厂内喜闻乐见的战略愿景和使命氛围，略显冷清。但当我们深入了解企业的生产运作时，精密的工艺流程、科学的产能分解，甚至严格的高达66%的次品淘汰率，让我们肃然起敬。质朴、沉静的气质背后是对企业立命之本的敬畏和坚持，纯粹而富有力量。

　　Databank公司曾在2013年对日本143万家企业做过调查，成立过百年的企业多达22219家，其中500年以上的有39家，还有7家是千年老店，这些老店印证了日本文化中的"职人精神"的传承。有家几乎和京都同岁的小吃店，只卖一种用竹签串起来蘸酱吃的小年糕，经营延至现在已是第25代传人，他们对手艺的传授严苛而缜密。职人精神便是坚持质朴的力量，专注做好一件事情，不会为更快、更多地获取利益走捷径。在当下快速运转、竞争惨烈的市场局面下，这种模式显得笨拙而执拗，却是百年甚至千年企业基业长青的精髓。太阳雨从零起步到行业第一，坚持成立以来最纯粹的信念，而实现百年企业的伟大愿景就务必要夯实职人精神。在2016年年初的工作规划中，我们把"找回质朴的力量"作为2016年稳步前行中常怀心间的警醒。

理论千篇，不如执守一篇

经营战略与理念不可或缺，但要力求清晰、干脆，不说大话，不论长篇，避免贪多嚼不烂。聪明人往往容易犯的错误是观念很多，但坚守的很少，有傻瓜的地方才有奇迹。曾国藩对"笨"字有自己的看法，认为过高的道理都近乎狡或伪，他一生都在强调勤与恒，说天下事要做成样子必须有两样：一是规模，一是精熟。两样都从勤与恒中来。在太阳雨品牌高速提升的几年里，我们坚持"一年一大事"的策略，每年围绕一件大事群策群力，效果显著。在当下集团多元化的过程中，资源更加丰富，出彩的项目也更多，但想做的越多就越容易出现分散和合力不足的现象。经过多年的尝试与过渡，我们再一次重申和重拾"一年一大事"的经营瑰宝。排序的能力是一个人最重要的工作能力，体系越大，就越需要排序，明晰最核心的首要工作，并协调整合，保持节奏一致。在2016年，太阳雨要求每个部门明确本部门今年核心推动和改进的一件事情，围绕这个重点做透、做实，这就是最大的成功。

喊话千遍，不如问责一遍

单纯的语言往往是苍白的，工作的落实必须有具体的事项安排和考核反馈。协作一项重要工作时，一定要让每个参与者都有明确的任务和责任，单纯的"高度紧张，高效工作"只会制造情绪上的紧绷感，如果没有充实的工作分工就会产生个体能量的耗损。重复的"务必在规定时间内完成"不如清晰的考核机制来得有效，每次会议后都应形成书面的纪要，梳理其中的工作事项、完成时间和负责人，并在节点核查，落实相应责罚。

箴言千句，不如践行一句

王阳明曾说："未有知而不行者。知而不行，只是未知。"知行合一才是真正的知，否则便是知而无用。多数情况下，我们没有做成一件事，并不是不知道如何做，而是没能真正去做。曾国藩的勤与恒只从两点做起："不讥笑人，不晚起。"这两点谁都懂，但他的厉害之处在于践行终身，从道德制高点上下来，脚踏实地。如今信息愈加透明，每个企业的经营瑰宝都不再是秘密，很多企业甚至会出版自己的经营案例书籍，服务制胜的海底捞即便公开了自己的秘籍，也不是谁都能学得会，众多的学习模仿对象精研苦读，成功运用在自身企业中的却是凤毛麟角。

脱掉长衫穿马褂，坚守平实的道理，知行合一，分寸耕耘，在时光的冲刷见证下，唯有质朴的力量才愈加珍贵。

回归营销的本原

2011年,是我步入营销领域的第14个年头。在这14年里,我先后在国企、外企和民企接触到了营销工作的方方面面,对于营销的林林总总,多多少少都懂得了一些。韩寒曾说:你懂得越多,越像这个世界的孤儿。看到这句话的时候,我有种莫名的感触。

2010年12月,我应邀参加《新营销》主办的第七届中国营销领袖年会,当看到会议的主题"回归营销的本原"时,联想到之前的感触,突然领悟:在营销生涯中,很多时候要学会忘却一些边边角角的东西,才能回归营销的本原。我认为,营销本原就是市场调研、产品、价格、渠道和促销这些最根本的东西。

市场调研有种说法叫,四只眼睛看市场:政府的政策法规、竞争对手、产品和客户。政策法规与竞争对手暂且不论。产品的市场调研,核心是挖掘产品品牌的比较竞争优势。通过市场调研,我们发现与其他竞争品牌相比,太阳雨太阳能的比较优势有以下七个方面:产品方面,通过外观设计让产品有好的卖相,同时提炼出"保热墙"这个独特的卖点,与竞品形成差异化;价格方面,不求成本领先,而是致力于为消费者提供最好的性价比;销售网络方面,坚持二级渠道的经营模式,即以县城为中心的一级网络和以乡镇、集市为单位的二级网络,保障每一级经销商利润的同时,保持渠道快速反应的能力;公司政策方面,保持一定的灵活性,以应对复杂多变的市场；促销层面，一方面利用央视的黄金广告资源高举高打品牌，一方面通过大小联动的促销模式在乡镇市场精耕细作；服务层面，构建24小时电话服务中心；组织层面，建设一支强大的销售队伍，这是核心中的核心。比较竞争优势只能强化，不能削弱；只可集中，不可偏离。如果以上七个方面都比竞争对手好一点点，综合竞争优势就会在市场竞争中显现出来。

客户的市场调研，要通过对消费者的调研进行市场营销规划。太阳雨的客户主要分布在三个市场：乡镇零售市场、城市工程市场和海外出口市场。我们据此提出了三大市场战略：第一，走下去。太阳能热水器这样一个产品，如果不能下沉到乡村市场中去，只是浮在城市市场，不可能实现大规模的零售销量。如今在广袤的农村，常常能在农民家的屋顶上看到太阳雨太阳能，此时此刻，心里都觉得非常自豪。第二，走上去。随着节能减排政策的陆续出台，以及低耗能建筑的兴起，工程化已经成为太阳能热水器在城市市场的发展趋势。太阳雨近年来在央视高举高打进行品牌推广，就是希望能够借助央视这样的平台为未来的城市市场铺路。第三，走出去。中国太阳能光热产业起步晚，但发展迅猛。中国正在成为世界最大的太阳能集热器生产和使用国。太阳雨是世界上最大的太阳能热水器和热水系统供应商之一。

市场营销规划拟定完成后，就要根据营销4P制定市场营销策略。产品策略要聚焦。俗话说：一招鲜，吃遍天。娃哈哈仅凭营养快线单一产品就能实现过百亿的年销售收入。实现聚焦，产品线便无所谓长短。但是也不能只顾现在，在聚焦的同时要适当做一些产品线的延伸。我们现在开始关注太阳能采暖市场和太阳能制冷市场。价格策略要合理。品牌就是消费者愿意为你付出的价格，货币是消费者对品牌最好的投票。消费者愿意为你的产品出多少钱，这是根本。太阳能热水器卖100万元钱能卖得动吗？一定卖得动，但只能局限于狭窄的市场。渠道策略要有快速反应的能力。渠道就像一个魔方，需要不断变阵，变阵的目的是激活渠道商对市场快速反应的能力。太阳雨始终坚持两级的渠道策略，严格控制各级渠道商的产品价格差，所以才有比较顺畅的销路。促销策略要掌握规律。我常说消费者并不想购买便宜的产品，而是要购买他认为占到了便宜的产品，这是一个本质规律。促销就是要围绕这个本质规律，通过广告、公关等方式传递品牌的价值，让消费者认可你的品牌。

很多人站在外面看，都觉得营销是个花花绿绿的世界，充满了各种层出不穷的创意。移动媒体和SNS社会化媒体的兴起，也为营销带来了更为丰富的表现方式。迈入营销的第14个年头之际，蓦然回首，我觉得纷繁的只是营销的工具，而质朴的才是营销的本原。依据市场调研发现比较竞争优势、拟定市场营销规划，通过市场营销规划制定产品、价格、渠道和促销的市场营销策略，然后进行对应的销售力量的分配，最终实现营销的成果，在我看来，这就是营销的本原。

营销的天地人和

孟子有云:"天时不如地利,地利不如人和。"古人认为作战想要取胜,天、地、人三个条件缺一不可。市场之战亦是如此:从"天"的角度高举品牌传播,从"地"的角度展开渠道布局,从"人"的角度进行组织建设。这么多年来,我和团队每天都在为品牌编织三张网:天网、地网和人网。

天网织的是传播

2007年我刚到公司那会儿,太阳雨几乎没有广告预算。在这种情况下,我提出"涟漪营销"策略,希望以广告或公关事件作为一粒粒石子,在市场这个汪洋大海中激荡出一丁点动静来。我们与世界太阳能大会合作,先在行业内进行传播,然后从行业内到媒体再到消费者,层层传递,形成传播力。后来,我们在2008年牵手残奥会,2009年成立公益慈善基金,2010年携手上海世博会,2011年成为中国环保事业合作伙伴,形成了"一年一大事"的营销策略。

事件只是一个新闻点,光靠点上的爆炸一定不行,还要有面上的东西。2008年我们投放了央视天气预报南京窗口的广告。我亲自盯着设计广告。没推厂房,也没推产品,只用了一幅下着太阳雨的写意画面，配上"太阳雨太阳能"六个字，投放了整整一年。当年年会，我们拿这次投放做文章，告诉经销商：我们的广告 365 天天天与你见面。这一年，订单有了突破性的增长。

2009 年，行业内的大多数企业都受到了全球金融危机的冲击。我们隐隐察觉到危机背后的机会，于是采取"弯道策略"。大家都忙着冬藏时，我们却跑出来冬泳，参与央视黄金广告时段招标。2009 年以刊例价 1.028 亿元中标后，我整夜没睡，想到一下子要花出那么多钱，就睡不着。老板开玩笑说："你们把我之前挣的钱全花掉了。"说完又安慰我们："明年一定会把花出去的都挣回来。"

太阳能行业一下子炸开了锅，说我们是"新能源行业标王"，都以为我们拿到了风险投资，殊不知我们是背水一战。这些讨论，无形中推波助澜，形成了一股传播的力量。这一年，我们借助央视的高空广告投放，给所有经销商打了一针前所未有的强心剂，太阳雨太阳能全面超越了竞争对手。

从 2007 年没有广告预算，到 2010 年以刊例价 2.024 亿中标央视，天网带来了深远的传播力。

地网织的是渠道

2007 年，拟好《营销体系的建立与运行》之后，我开始对渠道进行扁平化运作，实施二级渠道策略，即以县城为单位的一级经销商和以乡镇集市为单位的二级经销商，通过价差保障双方的利益。渠道扁平一定会缩减经销商的地盘，有些经销商不舍得，怕地盘小了，赚钱就少了。我跟他们说："拴牛绳太长，只会把自己绕死。"四川的省级代理一年销售额不足 400 万元，渠道扁平以后发展二级渠道，年销售额增至1亿元。经销商的规模大小我们并不太在意，我们关注的是他到底做得怎么样，发展的速度能否跟上企业发展的步伐。我们提出要求：经销商如果保留省级代理，须达到公司整体的增长速度。渐渐地，二级渠道成了主流，那些最初反对的经销商也顺势而为，转而支持渠道扁平化。2011年我们有一个县城的经销商，仅上半年的销售额就突破了1000万元。可见市场的空间很大，还是需要精耕细作。

从2007年100多家一级网点、不到1000家二级网点，到2010年1600家一级网点、近2万家二级网点，地网给太阳雨太阳能带来了完整的渠道力。

人网织的是组织

销量出现问题，首先就要找组织的问题，然后才排得上渠道、政策、服务、品牌和产品等。

既然明确了发展二级网络的渠道思想，就要有人来辅助经营这些网点。销售组织开始裂变，从2个部门裂变成4个，从6个部门裂变成8个……直到现在的20个部门。到2011年年底，我们计划裂变成31个部，一个省一个部，渠道彻底扁平化。销售人员也从最初的几十人变成了1000多人。有人问我为什么家电企业那么大的产值都没有人数如此多的销售队伍。这是由行业性质和发展阶段的不同决定的。目前我们产生主现金流的业务在乡村。乡村广袤无边，我们为品牌做宣传，必须有人走街串户，到田间地头去。

从2007年不足100人到2010年1300多人，人网带来了强大的组织力。

不但要织网，更要捕鱼。没有销量，品牌就无从谈起。天网、地网、人网网罗不同的力量。要让价值最大化，就得三网合一。最好的方式，就是通过促销活动，让顾客最终购买。2011年8月我们举办了一场连云港地区的城乡大联动，一场活动销售了4000余台太阳雨太阳能热水器。这是天网、地网、人网共同作用的结果，可谓是营销的"天地人和"。

营销的思想、方法及行为

昨天，我与为太阳雨提供营销咨询的公司的相关负责人就2011年度的合作进行了沟通。我在营销的思想、方法和行为三个方面，分别对他们提出了相应的要求。希望他们在营销战略、营销模式和营销落地三个层面，都能有一定的突破。

思想决定营销战略，要保持前瞻性。

前不久，我在网络上看到捷克摄影师米罗斯洛夫·提奇的作品，大吃一惊。他用从垃圾堆里捡来的各种废弃物拼装而成的照相机，拍出了进入纽约国际摄影艺术中心展览的作品。新锐摄影师陈曼评价说："器材不重要。"我也很赞同这种说法，摄影也好，营销也好，最终比拼的都是思想。在职业生涯中，我先后经历过国企、外企和民企，深深体会到：企业与企业最大的差距，就是管理者思想的差距。

思想来源于脑力激荡。2010年，我在一次与媒体朋友的交流中，碰撞出了"永久经销商"这一概念。经过与同事们的探讨，将这一概念细化、落地，最终"打造永久经销商"成为贯穿太阳雨2010年乃至2011年的营销主线。我有一个习惯，在参加各种培训时，我从不在笔记上复制别人的讲话，而是把听讲时自己冒出来的想法记录下来。我认为，重要的不是别人讲了什么，而是自己想到什么。在与别人一起脑力激荡的过程中，新想法会不断涌现，久而久之，思想水平自然有所提高。

针对营销思想，我对咨询公司提出了第一个要求：写咨询报告。这个报告不仅要包括行业内的大事件分析，还要包含其他行业值得借鉴的营销理念，另外也要有时下热门的人文类资讯，帮助企业更好地把握时代的脉搏。

方法决定营销模式，要具备先进性。

企业的发展历经三个阶段：第一阶段，输出产品，用实物打天下；第二阶段，输出模式，用方法抢资源；第三阶段，输出资本，用资源占高位。太阳雨目前正处于输出模式的阶段。研究杠杆时间术的本田直之说过，成功人士的时间管理都是模式化的。我觉得可以更进一步讲：成功人士都是系统的，有章法有套路；失败的人都是碎片化的，无论哪方面都不成体系。有没有自己独特的模式，能够直接反映企业的竞争力。从斩首行动到城乡联动，从大联动到小联动，太阳雨一直在积极探索和实践新的营销模式。

方法来源于持续创新。创新分两种，原创型与整合型。百分百原创固然好，但少之又少，很多时候都是可遇不可求。所以，整合创新就显得尤为重要。这个世界其实什么也不缺，只缺少整合。现代社会，太多人感慨信息爆炸，有效信息无处寻觅。其实，爆炸的从来就不是有用的信息，而是垃圾信息。因为有效信息需要长时间的萃取，无法量产。从浩瀚的资讯大海中甄别对自身有用的，加以整合创新，才能形成自己的方法。

针对营销模式，我对咨询公司提出了第二个要求：研究先进的模式。在行业内，研究大品牌的新动向、小品牌的新手法。小品牌因为资源有限，反而容易产生奇思妙想，对它们来说可能收效甚微，倘若已经有一定规模的品牌，能够学习吸收，定能发挥几何倍的作用。在行业外，可以借鉴家电等成熟行业的做法。如果能总结出一套先进的渠道模式，对客户、对自己都是一笔巨大的财富。

行为决定营销落地，要加强约束性。

甲午战争前，北洋军阀的士兵将换洗的衣服直接晾晒在甲板上，炮台上积满灰尘。敌国见此情形，断定这是一支没有前途的海军。后来，清军果然战败。同理，营销落地也讲究强大的执行力。我在听大区经理们述职时，看他们搞促销时样机摆放的整齐程度，就能对他们的市场操作水平判断个八九不离十。整齐划一的样机，本身就能透露出一股势。这种势正是来自营销落地过程中的执行力。

行为来源于纪律约束。我常说：下属从来不做你安排的事，只做你检查的事。2010年十一的时候，我预感到市场没有充分地动起来，于是召开了一次紧急动员的电话会议，对市场促销活动提出了明确的要求。会议当晚，立即将要求下发到全国市场。然后安排专人给一线业务人员打电话，检查文件的知晓状况。最终，十一促销战取得了圆满的胜利。事后想想，不由心惊：如果十一不煽这把火，整个黄金促销期可能就这么浪费了。我一直坚持强硬的作风：销售目标要列军令状，完不成主动请辞，无须多言。太阳雨一次又一次的辉煌业绩，就是这么约束来的。

针对营销落地，我对咨询公司提出了第三个要求：约束行为。要求他们与客户付出同等的工作时间，注意自身的仪表形象，而且要下到市场研究模式，上到讲台为业务人员培训，将咨询工作落到实处。

唯有激荡思想，创新模式，约束行为，才能在营销战略、营销模式和营销落地层面始终保持竞争力。这一点，对企业，对咨询公司，对个人职业生涯的发展，都适用。

做营销讲究"知后行先"

我一直有比较严重的完美主义倾向。学生时代我曾被完美主义逼至墙角,花了大量的时间探寻最好的学习方法,却几乎不进行任何实践。直至语文课上学到《劝学》中的一句话:"是故无冥冥之志者,无昭昭之明,无惛惛之事者,无赫赫之功。"我顿时有醍醐灌顶之感:潜心钻研(知)练就洞察力,埋头苦干(行)成就丰伟功业。完美主义使得我的"行"被"知"束缚,空积累了一堆方法论,却疏于应用练习。从那以后我放弃了对方法的追逐,开始大量练习解题,最终考上了大学。

十余年的营销生涯中,完美主义依然时不时露头,我一直有意识地与之抗衡,在三个不同的营销阶段,始终坚持"知后行先"。

第一个阶段:脚营销

我的营销生涯始于在家电行业做销售业务代表,这是一个执行层面的职位,靠的是用脚一步一步地走访市场,干的都是实打实的事。彼时,虽然对营销理论所知甚少,但每天在市场一线攻城略地,我忙得不亦乐乎。这是一个混沌的营销摸索期,在此期间,执行指令是第一要务,过多探求指令背后的东西,反而会让营销没着没落,做市场畏首畏尾。如今,我对太阳雨市场人员的要求是:理念上可以模糊,行动上务必清醒。纵观太阳能行业的发展过程,无论是先前的"渠道为王",还是后来的"活动制胜",无一不是依靠市场一线业务人员用脚丈量辛勤劳作,不断地扩展渠道,不停地折腾活动。

那时我对理论的学习,以鲜活的营销案例为主,行业内的熟稔于心,行业外的多有涉猎。营销理论书籍也读,但不求甚解,因为自己的基础营销知识体系尚未建立,如果早早地进入他人的体系,思维就会被固化,相当于吃别人的剩饭。另外,对市场的认识是一个漫长的过程,此时翻阅那些所谓的"营销圣经"就好比一个不会武功的人突然得到了武功秘籍,修炼起来难度是很大的。

第二个阶段:脑营销

晋升到管理岗位后,工作的重心不再是用脚走访市场,而是用脑去建设营销体系、统一思想、做出决策,运筹帷幄之中,决胜千里之外。首先是建设营销体系,简而言之就是带队伍,以此扩网络、搞活动。我一向认为组织的好坏直接决定销量的多寡,因此将建设营销体系作为工作的重中之重。其次要统一思想,将"先有市场再有工厂""有销量才有品牌"等理念在营销体系中贯彻下去,帮助每个成员理清工作思路,分出轻重缓急。最后是做出决策,要点是既快又准。因为所有决策的目的只有一个,就是在市场上抢占先机,跑赢竞争对手。"慢工出细活"显然不适合当今瞬息万变的市场环境。许多人试图在决策的速度与质量之间找到一个平衡点,但这个平衡点是不存在的。在"快鱼吃慢鱼"的时代,要以速度为先。

"速度为先"是太阳雨一直倡导的。2005年太阳雨拿下"中国名牌"，2006年进入发展的快车道，从2007年到2009年，太阳雨年均增长率超过了100%。2010年仅上半年，太阳雨已经实现了2009年全年的销量，成为中国太阳能光热行业的领导者。之所以能取得这样的成绩，并不是因为我们做得有多么好，而是在许多方面，我们比竞争对手快了一点点。

此时我已摸索出了一套自己的营销体系，再去读《营销管理》等经典理论，就如同站在一个小山头上与高山仰止的大师切磋，受益良多。随着营销经验的不断积累、丰富，与大师切磋起来便愈加能体会其思想的精妙，将其内化成自己的功夫。

第三个阶段：直觉营销

在从事营销工作10年以上时，我开始有了营销第六感，身体里自发形成了一套营销生物钟。每一年的营销工作，在什么时间节点该做哪些事情，脑袋里好像有个开关，时间到了就会自然地决策、部署、执行。倾听市场反馈的时候，因为熟悉营销体系的每一个环节，就仿佛自己身临其境一般，直面问题的症结，给出解决方案。到了这个阶段，关于营销管理，颇有无为而治的感觉。营销体系业已建立，指导思想已经统一，只要理清自己的工作思路，抓住体系中的重点人物，便能让市场高效地自发运转，个别市场的表现甚至会远远超出期待。太阳雨在西南市场，2008年的销售额只有700万，2010年仅上半年的销售额就达到了8000万，预计2010全年销售额将突破1.5亿元。

此时我对营销理论的态度，是向基本、经典的方向回归。与此同时，我不断从更广阔的领域汲取营养，与营销知识循环互养、融会贯通，扩充知识体系。这个过程也是自动化的，是在阅读书籍、观看影片、参加论坛等"输入"的过程中自然发生的,不需要刻意为之。

阶段不同,工作方式与学习方法不尽相同,贯穿始终的,是营销在行不在知的理念。市场变幻莫测,理论的总结落后于市场的变化是不争的事实。做营销讲究"知后行先",过分迷恋理论只会"乱花渐欲迷人眼",影响观察市场的敏锐力,从而错失市场良机。

形式与内容

人是一种脆弱、敏感且缺乏安全感的生物。除去动物的捕食与繁衍本能,人还渴望着归属、尊重与自我实现。但是,这些深层的需求只有在人类社会的群体结构和日常社交中才能得以实现。生活就像一座连绵起伏的山脉,构成它的不仅仅是石块这样的内容,还有层峦叠嶂的形式。仪式感、商业思维和可能性,是打开生活真相之门的密钥。

遗忘的仪式感

在我的记忆里,小时候的春节包含着无限的欢乐。炸圆子、打豆腐、做糯米粑、煮炆蛋、炒年货……一到年底,村庄里就弥漫着年的味道。看年戏、舞龙灯、耍狮子、唱黄梅戏,软软的安庆话你来我往的,是无尽的问候与祝福。但是,我越长大,却感觉这种年的味道变得越淡。细想一下,也正是在上腊坟、祭祖、祭灶神、拜年和迎财神等逐渐被人们遗忘的仪式中,年的韵味才得以传承千年。仪式,是人获得归属感的起点。很多东西没有了传承,精气神也就没有了。

20多年的营销积淀,令我深知仪式感的价值与意义。通过分享会(如总裁分享日)、群生活(如环岛荧光跑)、微项目(如花样姐姐)等方式,我们塑造了一个"崇尚真实、心怀喜悦、锐意进取"的太阳雨团队。在情人节、母亲节和春节等重要时间节点,我们彼此之间,以及与家人之间,同样会坚持各种仪式性的互动。有事干、有人爱、有希望,工作有声有色,做人有情有义,生活有滋有味,这就是太阳雨人。

高频的商业化

　　人类社会是建立在商业文明基础之上的一种高频交易群体结构。我们渴望存在,渴望归属,渴望认同,渴望心理上的优越感。所有人都在尽力售卖自己。商业最直接的关系就是买卖,最基本的逻辑就是价值交换与权益让渡。但事实并非跟我们想象的一样,在现实生活中,我们的商业感知能力和商业思维能力参差不齐。信息及资源的结构黑洞、经营路径的长短、博弈能力的强弱……凡此种种,塑造出不同的地域人群特征及个体面貌。

　　极度繁荣的商业,创造出各种可能的机会和可供选择的物品。失去饥饿感的人,最终被物所奴役。商业思维不仅仅存在于买卖之中。嘘寒问暖的人情往来,并肩砥砺的战友情义,陌生人的萍水相逢,知己的相视一笑,人世的饮食烟火……无不包含着它的身影。概念的高度、情感的温度、销售的力度,在商业思维中,最重要的因素不是我,而是别人的感受。一个心里没有别人的人,永远无法触摸生活的真相。

无限的可能性

　　变与不变是一对孪生兄弟。生命中那些不变的东西构成了你的核心竞争力,而那些变的东西则带给你无限的机遇。一眼望到底的生活,会因为缺少波澜而让人索然无味。拥抱变化,拥抱不确定性,将一个个可能转化为现实的过程,才能称之为快意。上马杀敌，下马念佛，事来则应，事去则静，坚持做让自己增值的事情才能获得正果。

在吠陀哲学中，完整的世界由幻觉现实摩耶（Maya）和终极现实梵（Brahaman）共同构成。对比，不仅会让沉溺于幻觉现实的人产生优越感，也会产生恨意。所有的痛苦，根源于对比与失落，如盗梦空间层层叠叠交织而成的幻象，连接着人的欲望，但在想要与能要之间，只有后者才能让人获得真正的自由。

形式与内容犹如硬币的两面，彼此互为存在。

洞察形式，穿透本质

梁启超先生在《论小说与群治之关系》中有这样一句话："无论为哀为乐，为怨为怒，为恋为骇，为忧为惭，常若知其然而不知其所以然。"意思是说，知道是这样，但不知道为什么是这样，也就是只知道事物的表面现象，却不知事物的本质及其产生的原因。营销领域也存在很多"知其然不知其所以然"的现象，"知其然"的人往往是跟风者，而"知其所以然"的人才是能够洞察本质、引领变化的营销高手。

互联网经济给现有的商业模式、营销模式带来了颠覆式的影响，2014年被外界称为"O2O的落地年"。阿里与海尔联姻，腾讯与京东携手，苏宁、国美在互联网跑马圈地快速整合，以海尔、美的为代表的家电产业也在集体转型互联网。在这场营销变革中，有各种学派的观点把整个氛围烘托得紧迫逼人，很多传统企业在应对新的变革时生怕被时代淘汰，却没有辨清自己的企业如何接轨新时代的路径，盲目跟随各种概念和形式，最后只是落得一个"商务电子化"的结果，而实际上企业性质和营销思维还是传统的模式。

在移动、社区等新概念下，营销像万花筒一样，新的形式层出不穷，而存活的周期却不断缩短。我们经常看到很多标新立异、赚足眼球，掏空消费者腰包的营销事件，在短时间内从炙手可热到明日黄花。营销的泡沫愈发充斥，营销的本质到底是什么呢？互联网时代尽管带来了很多颠覆性的改变，但是从本质上讲，它是一个更加趋向"求真"的时代，更加考验企业的真功夫。信息的透明化和传播的全民化让企业必须做真事、说真话，营销的形式再新，产品服务名不副实、落地执行没有力度，最终只会昙花一现。做真事、说真话就意味着企业必须洞察形式，穿透本质。在我看来，企业在面对变革时，既需要快速的机警意识，更需要灵敏的洞察能力，剥开五花八门的形式和噱头，看到背后的本质，从容而有节奏地制定企业自身的营销战略。

关注用户，洞察人性最深处的需求。 成长在互联网时代的80后、90后已然成为消费的主体，他们的消费观念、信息渠道、购物习惯对我们现有的营销模式提出了新的挑战，以往在产品推荐、促销活动等方面所依赖的信息不对称的优势将荡然无存，他们对想购买产品的了解可能远远超过我们。日本东京有很多小的酒店，硬件设备很简朴，但是很多五星级酒店去学习他们的服务。进入酒店人们看到年长的服务员在电梯门口为你拎箱子，打扫屋子时在鞋子里放除味的香料，而当你回来时洗澡水已经放好……很多细节都体现了对人性需求的极致满足，这些酒店的体验和感知是很多五星级酒店都无法比拟的。超出用户想象力的产品和服务体验已经成为企业实力的关键要素，太阳雨今年推出的增压宝就是一款基于用户体验而开发的产品，充沛而不受水压影响的水流是洗澡体验时很重要的方面，增压宝通过这一体验性能的优化，与太阳能热水器完美结合，在市场推广中深受顾客喜爱。

引导经销商进行升级转变。 随着电商日益壮大，顾客或许不需要去专卖店就已经在网上购买了竞争对手的产品，经销商坐在自己的店里甚至都不知道市场是怎么被抢走的。三、四级渠道网络作为太阳雨的核心优势，在互联网时代具有不可估量的价值。渗透到

三、四级市场每家每户的物流配送、售后服务等需求将是线上接通线下的重要价值点，我们不断积极地引导经销商向综合服务商的身份进行转变，以平台意识把控自己负责的区域，保持和太阳雨共振的节奏，共同变革。

对团队管理，要切入新的思维。太阳雨在河南一个区域的业务团队每天早上在自己区域的微信群里签到，表面上看，这是用了新的方式确保团队严谨的工作态度和出勤纪律，而本质上则是将社群的概念切入到团队中，团队形成了相互监督、相互促进的氛围，在一个扁平化的没有等级障碍的新平台上，时刻分享，共同成长。这样的氛围将推动移动互联网时代团队气质的转变。每个营销人从自己身上开始践行移动互联的社交思维，就能够深刻地理解，进而将其运用到与经销商和用户之间的关系维护中。如果只是把这个做法当作一种形式照搬，而看不到背后的思维，就不会在我们的市场运作中迸发具有创新意识的价值。

有一篇文章说，马航失联让我们觉得面对生存，所谓困难、压力甚至痛苦，都不免矫情和肤浅。生死存亡是我们的本质基础，很多物质和情感只是形式的满足。我们处在一个信息爆炸的时代，很多时候会被纷繁复杂的表面形式蒙住了眼睛，忽略了事物背后的真理和事情的本质，做出错误的判断。"洞察形式，穿透本质"，在营销实践之外，对待生活、工作、新生事物，甚至对我们自己，也是如此。

竞争的本质

美国当地时间2014年9月19日上午,全世界共同见证着一个历史性时刻,阿里巴巴登陆纽约证券交易所,创下美国市场最大IPO纪录,成为IPO公司中总体估值最大、初始筹资规模最大的公司,同时也缔造了新的中国首富,以及一万多名千万富翁……激动之余,我的眼前不禁浮现起2012年5月21日,太阳雨在上海证券交易所大厅敲响开市的金色大锣的情景,回望蜕变之路的辛酸与欢喜,一切仍历历在目。

强敌环伺的竞争中,太阳雨和阿里巴巴经历了同样从白手起家到行业王者地位的跌宕历程,竞争的魅力在于它从不否认一切可能,也不拒绝一切奇迹。互联网时代下,竞争态势日益激烈,籍籍无名的小辈或许就是几年后的王者,而曾经的王者也会悄然无声地谢幕。曾经"三十年河东,三十年河西"的迭代,在今天以加倍的速度上演着。竞争的形态千差万别,形式不胜枚举,而在这些表象之下,我们不得不思考何为竞争的本质,这个命题对于身处其中的企业来说至关重要,只有把握了本质,才能够在纷杂的竞争中,以快刀斩乱麻之势突出重围。

竞争一词,"竞"字在前,意指不断进取、超越;"争"字在后,意思是从竞争对手那里争夺,潜意识认为蛋糕是有限的,不是你取便是我得。在竞争信息爆炸式充斥的今天,"争"的成分往往大于

"竞"字，这是很多企业都难以避免的误区。个人成长的竞争也是如此，很多父母在教导孩子时，总是把"别人家孩子"挂在嘴边，而不从孩子自身的特长和优势入手，这样只会误导孩子的竞争意识，无法培养和发挥其个人的特质，最后往往在和别人家孩子的比较中淹没了自己的竞争力。任何人都想在竞争中成为翘楚，但任何人的成功都是无法复制的，如果把目光放在追寻和模仿他人的成功上，只会徒增挫败感，迷失自我的方向，而只有通过自我开发才能找到属于自己的核心竞争力，并以此在竞争中立足。因此，竞争的本质是以"竞"为立足点的自我驱动。

知己知彼，百战不殆。"知己"是首要的关键因素，竞争的终极意义是找到自己。马云有过这样一段话："任何团队的核心骨干，都必须学会在没有鼓励、没有认可、没有帮助、没有理解、没有宽容、没有退路、只有压力的情况下，一起和团队获得胜利。成功，只有一个定义，就是对结果负责。如果你靠别人的鼓励才能发光，那你最多算个灯泡。我们必须成为发动机，去影响其他人发光，你自然就是核心。"发动机特性便是竞争意识的本质，如果团队中的大多数人都成为发动机，那么这就是一支能够处变不惊、胸有成竹的团队，既不在风光时妄自尊大，也不在困顿时妄自菲薄。

发动自身竞争力，首先要充分了解自身的优势与目标，制定清晰的战略路径。很多企业往往盯着竞争对手不放，对方一点举动便风声鹤唳，在战略规划和策略执行上把与竞争对手比较作为准则。久而久之，便迷失了自己，乱了阵仗。看清竞争的本质就是要明晰竞争对手的存在意义：时刻提示自己竞争的存在，并为自己的行动策略带来启发。盯着对手跑，最多只能望其项背，而盯着前方跑，才能赢得超出想象。太阳雨在行业处于吸热红海的竞争格局时，通过冷静分析自身的核心优势和市场机会，以保热墙战略开辟保热蓝海时代，并以此在市场竞争中迅速打开太阳雨品牌的天地。而如果陷入对竞争对手的优势领域的关注中，就不会有今天的格局。同样，在今天太阳雨品牌多元化的进程中，我们拨开市场竞争的干扰因素，确立了以阳光、空气、水为三大核心的品牌内涵，以太阳能、空气能、净水机为三大核心业务，对太阳能主业进行核心再造，同时打造净水业务的新核心。

向内开挖自身是明确航行的方向，而顾客则是承载企业持续前行的水流。互联网时代下，对客户的关注从上帝论进化到粉丝论，事实证明不断聚焦顾客群体的需求和期望才能实现蜕变和飞跃。中国的家庭数量是美国的四到五倍，但美国锅具的销量比中国大很多。研究发现美国的锅具行业，针对顾客不同的烹饪方式研发和推出不同功能的锅具，通过市场的细分创造了更大的市场空间。而大多中国的锅具品牌在进入增长瓶颈后，盲目启动新业务，其他竞争对手也相应跟进，最终都成了全面的厨房解决方案专家。这样的竞争行为忽视了顾客的需求，而过分偏重竞争对比，最终结果便是在竞争中举步维艰。

老子在《道德经》中曾讲道："夫唯不争，故天下莫能与之争。"竞争中的不争便是洞察现象背后的本质，从而了然于心，所向披靡。

我们的法则

我有一个不成文的"癖好",无论是一场会议、还是一篇文章,都喜欢用三个点来统筹和梳理思路,自称为"三段论"。前不久随手翻阅一本书,发现了"三"的背后实则有原理支撑:无论人们接受了多少条信息,大脑的记忆和切割习惯都会将信息划分为三个点,多了便会模糊,而在物理学中,三角形也是最坚固的结构。"三段论"反向要求自己形成了精炼思考、言简意赅、行动明确的思维模式,在思路梳理和沟通协作中受益良多,根源是因为遵循了人类大脑运行的法则。

2016年6月份,太阳雨作为指定产品赞助商的《我们的法则》在安徽卫视开播,明星团队被暴露在各种原始的自然环境中,接受自然丛林法则的考验,通过团队协作克服艰难条件和各种突发状况,看点颇多。在那年7月的年中经理人峰会上,大家自然想到了以此作为会议主题,并策划了充满趣味规则的集体拓展项目。万物都有它的法则,大脑、自然、社会……太阳雨作为一个品牌、一个团队,也有自己的法则,正如《我们的法则》中所说,变化的是丛林,不变的是我们及我们的法则。在这次会议中,我和团队一起重新梳理、巩固了我们的法则。

第一是讲协同。协同是太阳雨集团多元化战略的必经之路,以太阳能、空气能为主的热水核心和以民用、商用水净化为主的净水核心，两者只有相互协作才能形成叠加增值效应，反之则像一辆高速行驶的赛车，配备两个方向盘，两个车手操控，后果自然可知，不仅产生巨大的内耗，还会有翻车的危险。对此，首先用理念表明主张，将协同作为太阳雨集团全体成员的主张共识；同时，用制度约束行为。前不久同事从日本回来，井然的排队秩序让他印象深刻，后来了解到插队在日本是犯法的，我们不禁惊讶制度约束的重要性。因此我们针对协同出台明确的文件，以确保各事项有章可循。最后用手段呈现结果，从协同的角度实现降维打击，并通过召集人，组织和协调多业务的活动项目。

第二是守纪律。守纪律在人们印象中是约束小孩子的话，自由和自主才是成人的高频词语，但我们却往往忽略人性的散漫和迷茫所隐藏的危险。意大利导演费里尼曾说："为了逾越常规，才需要严格的秩序。"对灵感有着强烈需求的艺术工作者尚如此，可见无论是对于个体自律还是集体协作，秩序都不可或缺。太阳雨的组织管理从两个层面入手：管人凭考核，出工凭考勤，对工作时间和秩序进行监督和规范；管事凭效果，出活凭日清，即通过日清共享事项进度，并以效果为考核的标准。

第三是干实事。新津春子凭借打扫卫生成为日本国宝级匠人，把清洁这件细微的实事做到了极致。太阳雨确立了"市场做什么，内部就做什么"的原则，围绕三个核心实事展开。一是建渠道，渠道是我们所有市场工作中的重中之重，以"综合的才是标杆的"作为高质量渠道的标准，在多元化下推进渠道整合，严治渠道窜货现象。二是搞活动和谈项目，生命在于运动，太阳能在于活动，订单是绩效的根本。三是做服务，将售后服务作为太阳雨集团的第一战略，提升渠道服务水平和用户满意度，增强品牌的美誉度与黏性。

《奇幻森林》中集体诵读狼群法则的情节让我印象深刻，狼群的战斗力源于群族团结有序的智慧。在这次会议的末尾，伴随着一声声共同呐喊的"团结"，团队的热忱和力量迸发于每一个太阳雨人的热血中。

拒绝战略远视症

战略远视症，这是我近期和同事聊得最频繁的一个词。

人或组织，作为有机的生命体，只有持续地成长，才能保持旺盛的生命力，才能展现如塞缪尔·厄尔曼所说的年轻心灵电台的魅力。成长最大的障碍是"懒"与"骄"。当年，曾文正公在盘点自己传奇人生的时候，给出了"勤与恒""规模与精熟"的答案，却隐藏了"如何才能在正确的时间做正确的事情"的秘密。

在这个生命周期加速迭代的移动互联时代，速度成了万物竞争、演化的关键要素。但我们都知道：速度是一种矢量，有大小，也有方向。选错了方向，再多的努力也只是南辕北辙；选对了方向，一切将事半功倍。我们常说的"做正确的事比正确地做事更重要"，讲的就是这个道理。

面对工作或生活，我们通常容易陷入两种幻觉而执迷不悟。一种是海市蜃楼，在错误的时间做错误的事情。如果再碰上一个勤奋的人，带来的只会是更可怕的后果。另一种是战略远视症，在错误的时间做正确的事。今天，我重点想和你分享的就是后者。就如训练狙击手一样，我们单靠肉眼辨识近靶还不能十发九中，就开始考虑千米之外的远靶，考虑风向、风速、湿度等附加影响因素，这些都为时过早。这也是稻盛和夫先生从来不设立长期经营目标的原因，"过于远大的目标有毒"。

如何拒绝战略远视症？我的答案是：回归常识，有效动作，单点击穿。

回归常识。人常常犯错，无外乎三种情形。一是基础缺失，缺少应有的通识教育，缺少系统的认知体系，零散、破碎，习惯性地被时间和娱乐至死的工具拖着走，或者不近人情，只热衷于毫无价值的冷知识。二是身份错位，言行脱离实际，常常杞人忧天。华为坚持"砍掉高层的手脚，砍掉中层的屁股，砍掉基层的脑袋"，要制止的就是这种身份的错位。三是不饱和，无事生非。这是岗位职责过于专业化、界限过于清晰导致的恶果。回归常识，运用事物的第一性原理，我们才能获得对事物本质的深入洞察。

有效动作。人的行为会受无意识惯性的支配，也会受认知遮蔽效应的影响，因此人们常常会做一些多余的动作。抑或是热衷于纸上谈兵、花拳绣腿，做出的多是无效动作。真相只存在于现场。我常和同事说，到现场去，到工厂去，到用户的使用情境中去，我们才能挖掘出问题背后的问题，从而找到彻底解决问题的办法。你的任何一个多余动作，都可能会成为竞争对手颠覆你的切入点。

单点击穿。2006年4月，史玉柱提出了一条关于如何进行营销定位的认知："在一厘米的宽度上挖掘出一公里的深度。"今天，这一认知被演绎为互联网尽人皆知的爆品策略。在太阳雨的日常运营中，我也常要求同事做的一件事就是不停地梳理产品结构，减少SKU数量。产品线拉得太长，产品结构过于复杂，将会创造出大量的配套流程，占用企业CPU，形成无尽的资源消耗和浪费。这些，都是沉没成本。

回归常识，有效动作，单点击穿，如同冲浪，世界遵循着非连续跃迁的规律向前绵延发展，从0到1和从1到N是完全不同的两个世界。跑马拉松，过于遥远的目标只会使你疲惫不堪，将终点分解为N个小目标，然后专注于脚下，你才能有机会跑赢。

成就才是最好的控制

《西游记》作为中国经典名著，从每个角度都有不同的解读和启示。近日，我从中得到了对人才与团队管理的感悟。

孙悟空无疑是一个有才华的人，百般武艺的天赋和叛逆好胜的性格碰撞出大闹天宫的惊骇之举。玉皇大帝镇压无果，法力无边的如来将其压制在五行山下五百年，然而身怀奇能终究不可以被埋没和浪费，继而便是被指派护送唐僧取经的新征程。如来深知悟空反叛的天性，将紧箍咒作为唐僧控制他的利器，起初师徒矛盾重重，念咒语是唐僧管控的常用手段，然而这并不能从根本化解误会和改变悟空的心性。随着后来的沟通、了解与配合，师徒关系渐入佳境，悟空的武艺在护送中得到充分发挥，最终齐心协力取得真经，而悟空也修成正果，被封为斗战胜佛，紧箍咒的控制自动消失了。

这段耳熟能详的故事暗含管理的妙处：一味地压制与控制往往是无效的，而成就对方，让其发挥长处，才能形成良性的团队凝聚力，也就是说，成就才是最好的控制。

成就对方，而非压制对方

传统的统治手段无疑是以压制为主，权力尊贵不可置疑。而自我是人的天性，任何人都抗拒外来力量的控制，但成就并不意味着不控制，而是将控制划归在一个合理的区间，为集体协作提供必备的秩序保障。过分的控制并不是平等、尊重的协作，而是为了统治需求的满足，结果也必然是维护现有的秩序和体系，抹杀了进步的可能。随着时代演进，崛起的新生代们自我意识和革新理念更为强烈，企业领导者必须以开放的姿态，将成就个体最大化成长放在首位。秩序的目的是发挥组织内个体的价值，而不是将个体价值压制在秩序之下。每一颗星星都闪亮，星空才会华美震撼。

发挥优点，而非控制弱点

用人的核心是发挥优点，修补弱点，而不是利用弱点制衡。反映晋商智慧的《白银帝国》中有这样强烈的用人观对比：康老爷想提拔曾因放高利贷被告发的孙掌柜，明知其人格缺陷，却期望利用他死而后生的感恩戴德之心来驾驭他，而儿子康三爷所欣赏的才德贤能的戴掌柜在康老爷眼中是滴水不漏、难以驾驭的圣人，怕抢去儿子的江山。两代人驭人之术完全不同，康老爷重在驾驭弱点，而康三爷则在乎才华与长处。最终是戴掌柜陪伴康家一起经历变故，孙掌柜后来则再次勾结乱民，杀生劫财。

主动黏性，而非被动靠拢

个人与团队犹如相处的爱人，两情相悦才是最美，双方共同进步，相互成就才会建立稳固的高质量关系。个人的成就感是催生自我认同和集体荣誉的根源动力，主动的黏性因此产生，组织向心力和凝聚力自然强大。平台认可个人能力，个人感恩平台成就，双方主动向彼此靠近，心在一起，力量就在一起。

好的爱情是舒婷"作为树的形象和你站在一起"，而不是依附和炫耀；好的亲情是龙应台目送不舍中的无私放手；而好的团队，则是成就你，我们一起前行。

遇见自己

雄安新区的段子一夜间火爆网络，坐拥雄安房产也成了人生开挂的戏谑标准，所有努力和回报都不如一次无常的投机来得凶猛而彻底。有人艳羡，有人后悔，有人失落，但人生这座金矿终究靠的却不是概率。前不久，在太阳雨千万商沙龙活动上，我和优秀千万大商分享了看似无关市场经营的感触，这些区别于物质目标方法论的自我精神管理，却是自己心路历程中最根源的力量。

"遇见三年后的自己"是这次沙龙的主题，见之欣喜，便开始思考如何与大家分享。从加入太阳雨品牌起，我们一起成长，回头看去，谁都想不到今天的成果，在完成物质账户的独立后，站在今天，我们同样有迷茫和无措，与白手起家时的困惑相比更富挑战，这次我们需要通过精神账户的盘点和重组来找到再出发的力量。只有认清自我，才能把握当下，预见未来。

第一是自我身份认知，即认清个体身份以及所处的位置。有人总结人生的四大悲剧：能力配不上梦想、收入配不上享用、容貌配不上矫情、见识配不上年龄。每个人都会或多或少地产生自我认知偏差，而只有精准地定位自己，才能找到正确的立足点和出发点，方向才不会出错。信息时代扰乱自我认知的障碍更多，活在别人的朋友圈里，盲目地渴望所谓岁月静好，却不知道背后如影随形的负重前行。抱怨、羡慕等情绪都归根于自我认知的缺乏，正确的认知一方面是自身参数以及所处阶段的界定，在该奋斗的时候努力，而不是理想化地逃逸；二是放大参照标准，看到与他人的差距，不满足于已有的成就，竞争的道场法则永远是越优秀的人越努力。

　　第二是自我价值认同，即认可并享受自己的价值。要么改变，要么认同，只有认同才能从中获得价值感。今天是过去一切所为积累的结果，目前拥有的就是内心想要的，是思维和能力综合的结果。同样作为一名按摩师，认同自己的职业便会快乐地服务，让对方感受到正能量，并给予尊重的回应。泰式按摩之所以让人神往，正是基于自我价值的认同，如果被负面观点影响，服务心态和质量自然打折。价值认同感不单纯以收益为导向，创造与拼搏本身就是享受价值的过程。

　　第三是自我角色升级。升级自我视野，所见所想将拉开完全不同的大格局，精神力和行动力便会使事情沿着自己的目标发展，潜意识的能量将会兑现为成果。自我角色升级对于企业员工来讲是转换为老板意识，对代理商而言则是将自己定位为品牌在当地的代言人，工蜂的思维模式必将丧失自我能力的挖潜和格局的洞察。同时互联网生态变化引发的跨界打劫、模式突变随时在颠覆原有的秩序，自身维度若不能提升，必然将面临被降维打击的惨痛失败。对太阳雨而言，从单一的太阳能业务升级为i+战略统领的新能源热水、新能源采暖和零能耗净水的集成解决方案，是对时代趋势和商业潜力的判断，以此实现品牌经营维度的提升；同时配合新市场模式的创新升级，以生态文明之家的品牌营销IP，创造属于太阳雨的新篇章。

　　杨绛先生百岁感言中有这样一句："世界是自己的，与他人毫无关系。"无论是个体还是组织，唯有遇见自己，才能构筑自己的世界。

做自己的 shaper（塑造者）

前不久，朋友向我推荐《原则》一书，作者是美国对冲基金教父达利欧（Ray Dalio），他被称为投资界的"乔布斯"。与空洞的成长理论不同，整本书中始终透露着达利欧运用第一性原理的智慧，用缜密的西方哲科思维进行逻辑推演，层层推敲人们的生活、工作、学习，并归纳出清晰可行的原则。

"最好的投资是投资自己"，在达利欧身上无疑是极好的证明。人和动物最大的不同，就是自我进化的能力。《原则》里讲道："原则是适应自然规律和生活规律的方法。那些知道更多和更理解原则的人，能够比其他人更高效地与这个世界互动。"

穿透表象，摆脱主观困扰，把握肌理原则，是人生孜孜不息的运转法则。做自己的 shaper，坚持塑造自我，我总结了下面三个方向：

第一，放大梦想

三星 Gear VR 的广告片中，一只鸵鸟意外地戴上 Gear VR，看到了所有鸵鸟都没有见过的美景，辽阔无边的天空激发了它想要上天的愿望，于是不断尝试起飞、摔倒，完全无视同类奇异的目光，最终这只鸵鸟成功飞行，将族群甩在了身后。

放大是一种开放的状态，塑造自我的第一步就是要打开格局，放大梦想。固步自封的人犹如背负懦弱名声的鸵鸟，人们往往容易被眼前的确定性现状所束缚，认为当下都是理所应当，而忽略局外的真相。《原则》中说："开放的人善于倾听和引导对方发言，封闭的人则时常打断别人发言，常说'我可能错了，但是我认为……'"

造成人们封闭的原因大致有三种：一是眼界限制了想象力，因为看不到更广阔的局面，所以固守井底。二是挫败限制了想象力，在屡试屡败中丧失再次尝试的勇气。科学家做过这样一个实验：把跳蚤放在玻璃杯中，用玻璃罩盖住，一开始跳蚤奋力往上跳起，不断撞击玻璃罩，后来跳蚤渐渐发现，轻一点跳就不会撞上罩子，于是只跳杯子的一半或三分之一高度。三天后，科学家把玻璃罩拿掉，它们却已经习惯了小心轻跳，没有一只跳出玻璃杯。打开眼界、清除挫败，释放想象力，才能放大梦想。三是"贫穷限制了想象力"，这句话成为近日网络热门段子，更有人拍摄了 Prada 裹尸袋的搞笑视频，LV 随后爆出私人定制棺材，戏谑的背后是财富能量对想象力的限制。

第二，放下身段

自我进化的最大障碍是自我（ego），人的身段是一种对自我主观的界定和认同，自我认同是一把双刃剑，既可以给予信心，也会成为一种自我偏执。大多数人最大的错误便是无法客观看待自己和他人，被主观臆想的身段迷惑，停滞不前，眼高手低。最近网络上大家热议的"中年油腻"，就是源于自身将中年定义为达到成熟状态，可以维持现状，兜售资历，停止进化，结果便是把自己架在半空，不接地气。放下自我，扔掉身段，才能看到自己的无知和缺憾，保持着初出茅庐时那般坚定前行的步履。

第三，放手训练

达利欧在针对原则的实践中，主张每个人将自己想象成一台机器，我既是自己这台机器的使用者，也是设计者，设计属于自己的目标，并反复练习和运行，填补和完善自身能力的短板。营销人是一台精密的机器，制定所辖区域的市场目标，找到运作模式，不断实施、重复、升级；企业更是编程复杂的大型机器，需要进行清晰的设计和反复的训练才能不断应对变化的市场。

做自己的 shaper 三部曲：放大梦想，打开格局；放下身段，破除自我；放手训练，践行不息。

"被"营销

有人问我说:做了这么多年营销,你买东西的时候还会不会"被"营销?我的回答是:会!只要是买自己想买的东西,都会心甘情愿地"被"营销。我三次买房子的经历就是很好的证明。

第一次买房时,我没什么经验。准备交订金签合同的时候,楼盘营销中心的所有员工突然鼓起掌来。做营销的我,对这种鼓掌太熟悉了,因此我有了一种本能的反感。于是,我停下已经举起的笔,对销售人员说:"我不买了。"当时那个销售人员非常震惊,甚至有些莫名其妙,但是我非常坚决地取消了这笔交易。如今那个与我失之交臂的上海楼盘,房价已经翻了三倍。我懊悔之余,常常反省,因为做营销而不"被"营销,未必是件好事。

第二次买房,我吸取了教训,第一天去营销中心看房,第二天就交了订金。正赶上房市低迷,交房前,房价一直在降,二期出来以后,那个楼盘的价格一度跌到了我的购买价的三分之二。奇怪的是,我却没什么感觉,唯一的念头是希望这个楼盘能尽快卖完,这样这里才能形成一个社区,才能提供比较好的物业服务。

第三次买房子的时候更痛快,上午去看,下午就交了订金。我在路上开车时留意到这个楼盘的广告,其中"人车分流"的卖点一下就把我吸引住了。因为当时我女儿还小,在原来的小区住时,我常常担心她被私家车撞到,因此早就希望小区里没有汽车。"人车分流"的卖点恰好满足了我的需求，于是我比上一次更迅速地定下了这笔交易。

后两次买房虽然"被"营销了，但结果我都很满意：第一笔成交的房子，房价慢慢涨了起来，社区也如我所愿地形成了，我没吃什么亏。第二套房子的"人车分流"让我很放心女儿在楼下玩耍，她的安全比什么都重要。

有时候我会听到经销商抱怨说，产品卖点的设置没什么用，促销搞活动也没什么用，赠品也好，打折也罢，消费者都心知肚明"羊毛出在羊身上"。我很难认同这种观点。作为一个营销人，我都会"被营销"，营销怎么可能没有作用？我们要做的是，不断地用各种营销方式去影响市场，宁可影响无效果，也不能不去影响。

我常说"生命在于运动，太阳能在于活动"，也是这个道理。做市场要折腾，不断地建渠道，不停地搞活动。太阳雨太阳能在今年取得了突破性的增长，主要原因有两个：一是渠道方面的创新，采取"1+4金网络"渠道操作方式，将渠道直接下沉到了村一级市场；二是活动方面的创新，把一个经销商创造的"城乡联动"促销方式复制到了全国市场，如今这种活动模式已经被应用到了其他行业中。

有一个叫作 Moleskine 的意大利笔记本品牌，在中国市场的均价每本在 200 元左右，传播口号是海明威、毕加索、凡·高都曾使用过的品牌。《纽约时报》曾就其传播口号做过一个报道，报道称，把 Moleskine 的首字母小写，moleskine 是鼹鼠皮的意思。在海明威、毕加索、凡·高生活的年代，几乎整个欧洲都在使用鼹鼠皮做封面的笔记本，而 Moleskine 这个品牌是 1996 年才有的，因此它的传播口号并不是确切的事实。有的 Moleskine 品牌的拥护者看过这篇报道，在网络上发帖大呼上当，跟帖的一个人说："那只是营销，愿意接受营销的附加值就买，不愿意接受就不买。"

我当时的第一反应，这个人要么是个营销人，要么是一位极其理智的消费者。从某种程度上说，营销人要做的是想方设法增加产品的品牌附加值。因此，真正做营销的人，在消费的时候是愿意为营销的附加值买单的。

无论是渠道、促销，还是产品、价格，营销的目的说到底只有一个：与消费者沟通，通过沟通促成购买行为。一个人从来不会"被"营销，不能说是精明，只能说是铁石心肠，很难被任何东西触动。所以，我常开玩笑说做营销的人都是"热血青年"，用凯鲁亚克的话说就是"永远年轻，永远热泪盈眶"。

心营销

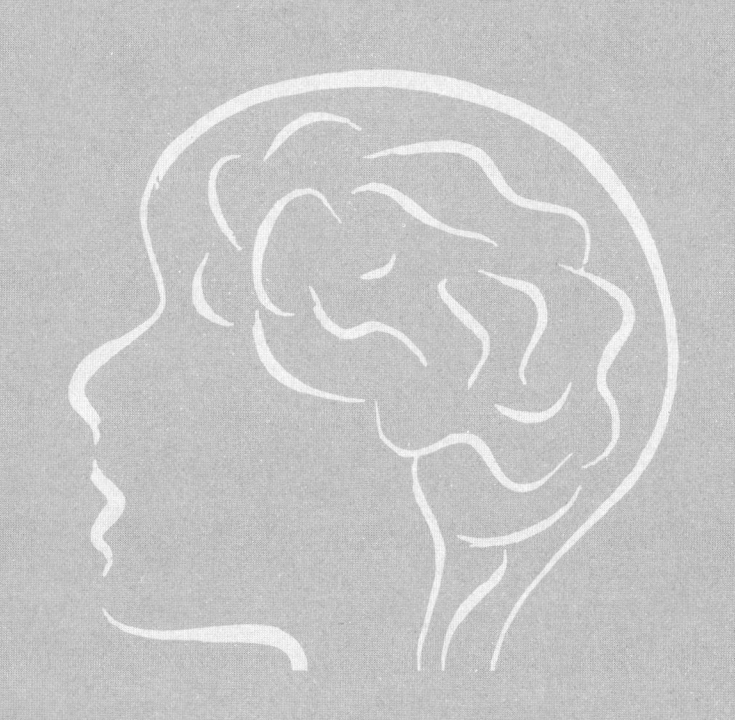

第二章
打破营销的疆界

不对称的美

前不久看到一个颇有意思的段子,一个女孩特别现实,只要有小伙子搭讪必问三个问题:家庭住址、父母工作和个人薪水。有一男孩这样回答:我家有个小别墅,父母都是搞农科的,我个人从不考虑月收入,只在乎年薪。女孩听了心中暗喜。而实际的情况是男孩家里住着农村小院,父母是农民,自己月薪太少不值得考虑,所以只关注一年挣多少。男孩把自己的信息用另一种方式包装,让对方产生了与自己预期一致的幻想,轻松俘获了"物质女"。

这个男孩无疑是营销自己的高手,揣测对方的意图,充分利用信息不对称达成目的。信息不对称是信息时代不可避免的问题,营销作为企业与顾客之间关系的重要纽带,它的存在建立在信息不对称的客观基础之上,并且在主观上要制造新的信息不对称。

从营销层面来讲,信息的不对称指的是同样的信息在企业和消费者两个层面所产生的不对等。企业这一面的信息主要是指产品的生产技术、成本等,而在营销这一面,即影响消费者选择的信息,主要体现在产品卖点、价格、品牌三个方面。正如女孩在挑选伴侣时所关注的住址、父母工作和收入,这三个要素直接决定她的择偶意向,只要这三个信息符合自己的预期,便会迅速做出选择。同理,产品卖点、价格和品牌是决定顾客做出选择的三个关键要素,消费者主要通过这三个信息决定自己的消费行为。英国哲学家艾尔弗雷德·诺思·怀特海曾断言："文明的进步，就是人们在不假思索中可以做的事情越来越多。"同理，营销的进步必然是消费者的选择成本不断降低，而选择质量逐渐提高。

第一，价格是决定消费行为的首要因素。《影响力》中有这样一个关于价格的案例：一家珠宝店有一批物超所值的绿松石珠宝，却怎么也卖不出去。店主把它们移到中间的展示区以引起人们注意，让营业员大力推销这些宝石，但仍没有任何效果。后来店主给营业员写了张字迹潦草的纸条："这个盒子里的每件商品，售价均乘1/2。"即使亏本也要把这批宝石卖出。然而，当店主得知由于营业员错将纸条上的"1/2"看成了"2"，而以2倍的价格将所有珠宝卖掉之后，店主惊呆了。物美价廉的珠宝一直受冷落，价格乘2却被抢空，阴差阳错的失误却让滞销产品一抢而光。其中的奥秘就是价格信息所传达的暗号，好的一定贵，不贵的大多不好，所以通常情况下，如果人们想选购一件好的商品，一定会准备较多的预算，那么优越的价格便是消费者潜意识中的首要判断要素。因此，对于质量优越的产品，一定要参考市场同品类价格做出合理的价格定位。

第二是产品卖点，新颖且符合消费者需求的产品卖点无疑是极具吸引力的。2013年夏天，美的"一晚1度电"空调受到了热烈追捧，超强的节能性能充分满足了消费者在炎炎夏日的需求。作为空调产业第一家敢于公开宣称可以实现"一晚1度电"的品牌，可以看出美的有这样的实力和底气，也正是如此才吸引了广泛关注。同时，也产生了不少质疑声，在实际的使用环境中，"一晚1度电"的实现对室温、时间和频率等因素有严格的要求，而在如此抓眼球的卖点下，多数消费者都忽略了这一点，即产生了信息不对称。这种不对称隐藏在抢眼的卖点背后，丝毫没有影响"一晚1度电"系列空调成为2013年夏天美的抢占市场份额的利器。

第三是品牌。品牌对消费者购买行为的影响在奢侈品行业尤为突出，经济危机使奢侈品价格不跌反升，而国人对奢侈品呈现"越涨越买"的态势。是否奢侈品真的是越来越值钱呢？客观因素有微小的成本上涨和汇率等，但更深层次的原因是基于品牌策略的需要。作为奢侈品，保值是这类消费群体的心理需求之一，涨价的趋势既维护了顾客的优越感，又提升了品牌的高端形象，可谓一举两得。

太阳雨作为太阳能热水器第一品牌，无论是产品定价还是促销策略都必须建立在维护品牌形象的大前提下。对于特价机我们一直有着严格地把控，只能有限度地作为"药引子"，而不能当作"药"长期服用。如果一厢情愿地认为物美又低价的产品能不断吸引消费者，那必然是大错特错，不仅会给企业带来亏损，长远来看，对品牌的损害更是不可估量的。

信息不对称不等于信息不真实，它首先必须建立在优质的产品基础之上，在这个基础上才能够有资本和空间去利用这一点更好地营销产品。

优势营销

2009年奥巴马当选美国总统就职典礼的当天晚上，美国第一夫人米歇尔·奥巴马身着惊艳的白色单肩长裙，这件礼服捧红了华裔时装设计师Jason Wu。前不久，中国的Jason Wu在广州本土服装品牌"EXCEPTION例外"身上也上演了。中国第一夫人彭丽媛陪同习近平主席首次出访俄罗斯，一身黑风衣的装扮立刻引起关注，马可创办的设计师品牌"例外"一夜爆红，成为搜索热点，粉丝暴增。

这两次着装引发的热点，表面看来是"无心插柳柳成荫"，背后却隐藏着有趣的营销玄机。从理性到感性再到心智，洞察消费者内心需求，以Brand Power（品牌力）营销为导向成为这个时代营销的关键，正所谓"占领消费者心智才能占领市场"。在品牌时代，消费者的心智集中体现在品牌忠诚度上，而在选择忠诚于哪一个品牌时，消费者难免逃脱从众心理。

透过服装品牌爆红的案例不难发现名人效应能够激发人们的从众心理，使品牌影响力飙升。解密从众心理的密码，其根本无非是追求优质的产品和卓越的品牌。品牌要想俘获消费者心智，就要透过可信服的人和事件传达品牌的优势。从这个层面来讲，营销就是品牌优势的传达。只说不干，假把式；只干不说，傻把式。而"说"就是将品牌的优势充分地传达。

首先，要传达客观的优势信息。随着生活节奏的加快和消费意识的转变，面对琳琅满目的产品，消费者更倾向于选择已被多数人认可的大品牌，这种从众心理的背后是对产品的信任和情感的认同。不同发展阶段的品牌有每个阶段侧重的营销模式，大品牌在优势营销上有得天独厚的基础。品牌要灵敏地把握自身的发展阶段，并及时将最新的信息同步传达给消费者。这种信息的传达不是自说自话，而是需要客观有信服力的数据来支撑。"全国每卖10罐凉茶有7罐是加多宝"，这一则广告通过数据直观地传达加多宝在凉茶市场的品牌优势，很好地激发了消费者的从众心理，没喝过加多宝的自然想尝试一下，而购买过加多宝的消费者也会因为这种信息的强化而增强对加多宝品牌的忠诚度。

在中国企业品牌研究中心2013年C-BPI研究成果发布中，太阳雨位居太阳能热水器行业第一品牌。得知相关信息后，我们也很惊喜，第三方的权威数据给了太阳雨一个明确的标签，对增强品牌力是很好的佐证。太阳雨多年来一直保持销量领先，我们也将强化"太阳雨全球销量遥遥领先"这一事实，销量的领先代表多数消费者的信任和选择，而在全球的范围则更多地体现了品牌的高度。精准地传达品牌优势，方能引导消费者的心智。

其次，建立主观的优势心态。主观的优势心态要建立在客观优势基础之上，空有乐观的心态，无异于阿Q精神。优势心态不仅是一种自信，更是对自身的高标准要求。罗杰·罗尔斯是美国纽约州历史上第一位黑人州长，他从贫民窟走向政坛的华丽转变正是因为皮尔·保罗校长的一句话："我看你修长的小拇指就知道，将来你是纽约州的州长。"在同样的能力前提下，积极的心态所引爆的潜能是无可估量的。回忆起自己毕业后加入海尔，我心里是非常自豪的，因为自己代表的是行业第一品牌，自然会有一种认同感和使命感，这种心态会激励自己在市场上比竞争品牌做得更好。

优势心态对每一个营销人员来说都是至关重要的，很多时候，我们并不是能力不足，而是缺乏优势的心态，消极的心态反而会阻碍自己能力的发掘。因此，我一直对太阳雨的营销战士灌输这样的观念：你在哪里，太阳雨就在哪里。营销人是品牌形象的活载体，在推介产品或进行商务洽谈时，要以专业的视角解读顾客需求，并通过对产品和品牌的介绍让顾客感知品牌的专业与优越，从而引导顾客对品牌产生信任，形成对品牌的认同度和忠诚度。

对经销商来讲，同样要建立优势心态。目前太阳雨共拥有两万家左右的一、二级经销商，每一个店面都代表了太阳雨在终端的形象，在对店面经营的投入上要以第一品牌的高标准来执行，既要金玉其外，也要精华其中。终端店面的管理和经营直接影响消费者对品牌的印象，因此对经销商而言，以优势的心态去管理店面是传递品牌形象的关键。

丹麦哲学家齐克果曾经说过："要么你去驾驭生命，要么是生命驾驭你。你的心态决定谁是坐骑，谁是骑师。"优势营销的核心是提升品牌的 Brand Power，以优势的眼界打造品牌，以优势的标准践行品牌，以优势的心态承载品牌，解密消费者的心智密码，占领品牌制高点。

大品牌的"小"运作

泰坦尼克号的传奇故事至今仍为人叹息,这艘伴随着簇拥和欢呼出海的豪华巨轮,沉浸在荣耀中,但由于大意疏忽,庞大的船体来不及躲避突然出现的冰山,满载的风光瞬间沦为一场前所未有的灾难。如果把企业比作商海中的一艘船,那么泰坦尼克号的悲剧启示了大品牌要时刻保持危机意识和应变意识。作为曾经摄影业巨头的柯达,稳坐胶卷市场第一把交椅,却固守其优越感而迟迟不肯向数码业务转型,最终难敌大势,折戟摄影业瞬息万变的商海。

柯达的命运为大品牌敲响了一记警钟,也让我们更深入地思考大品牌应该如何持续领航。一个品牌从小到大的发展好比一个人的成长,小品牌处在成长阶段,像孩子般充满活力,乐于迎接改变。而部分大品牌容易像成人一样渐渐失去童心,思维趋于僵化和迟钝,安于维持现状,没有勇气翻新自身。大品牌的"小"运作,就是指大品牌要有小品牌的危机意识和敏锐度,学习和吸收小品牌运作的亮点,保持活力与创新,这样才能避免因陷入舒适区而被淘汰的厄运。

小品牌运作的精髓主要体现在三个方面:一是"快",即快速的市场反应力;二是"活",即鲜活的创新力;三是"轻",即迅捷的变革力。大品牌学习小品牌的运作精髓,所能带来的不仅是自身的活化,而且会产生放大效应,即同样的运作方式,在大品牌现有的实力和影响力前提下，往往能够产生杠杆式的放大效应。目前，太阳能光热领域逐渐走向成熟，太阳雨作为领导品牌，也进入相对稳定的发展时期，尤其是在A股主板上市后，运营资本和发展空间得到了很大的提升，实现了质的飞跃。所以，太阳雨在接下来的发展中，就要警惕大品牌可能存在的弊端，在战略上实施"小"运作。

在2013年的战略规划上，我们主要有两个大方向，首先是稳增长。稳增长主要靠两个方面来实现。一方面是调增量，即通过政策推动增长市场和种子市场的较快增长。这两类市场仍处于成长期，尚有很大的空间，因此要借鉴小品牌运作的"快"。根据市场变化，快速反应，因地制宜，制定符合增长市场和种子市场的战略性哺育政策，推动这两个市场快速增长。OPPO手机起初面向的主要是女性用户，在《盗梦空间》热播时期，快速反应，请莱昂纳多代言新品，推出打通男性用户市场的智能手机，成功向男性市场拓展。

另一方面是优存量，即对核心市场现有的业务进行优化。核心市场已处于相对稳定的成熟阶段，要警惕的就是墨守成规，不思进取。因此要借鉴小品牌运作的"活"，保持鲜活的创新力，对现有核心市场实施"一地一策"的差异化策略。通用电气公司把它所经营的范围划分为49种，每种范围都有自己的战略，并称为战略业务单元，即SBU。这种战略划分是小品牌常见的经营方式，放到大品牌的运作中能够很好地突破传统组织架构的瓶颈，发挥更大的效应。

战略规划的第二点是促转型。转型是企业和行业发展到一定阶段必须面临的变革，小品牌在转型上较大品牌更"轻"，具体表现在周转快、束缚少，能够迅捷地应对变革。在这一点上，大品牌要勇于打破束缚，向小品牌学习，看"轻"自己。太阳雨的转型升级将主要依靠产品和渠道。在产品层面，就是要促进由零售产品向工程产品的转型，以适应从农村到城市向上发展的市场趋势。柯达的破产就是一个典型的因产品升级滞后而失败的案例，柯达大中华区原总裁叶莺曾用"温水煮青蛙"形容柯达的企业文化，从第一台数码相机的发明到第一台专业级数码相机问世，柯达一直走在行业的前列。但其保守的意识和对既得利益的贪婪，加之股东等相关利益群体的束缚，使这场早已预见的数码革命迟迟没有落地，最终走向破产的道路。

在渠道层面，太阳雨目前在三、四级市场已建立起广泛分布的二级渠道网络，接下来的转型就是要把现有的网络打造成系统的交易平台，集合和凝聚渠道的力量，最大化地发挥渠道资源的平台效益。渠道的转型升级将会为新产品和新业务的推广奠定坚实的基础，产品的升级又会带动渠道不断活化，通过两者的相互带动，实现太阳雨的创新发展和开放发展。

美国作家凯鲁亚克在《达摩流浪者》中有这样一句话"O ever youthful, O ever weeping"，表达了时刻在路上、时刻满腔热情的信念。品牌也是一样，从小品牌逐渐成长为大品牌，不断变化的是实力，不变的应该是最初的信念和坚持。大品牌要时刻谨记自己的使命，学习小品牌"快""活""轻"，为自己不断注入新的生机，才能真正成为一个拥有不竭动力、持续成长的品牌。

营销做势与做事

黑帮电影里常有这样的场景，两伙人起了矛盾，一方上来就凶神恶煞地说："你哪儿混的？回去告诉你们老大，这是我的地盘！"说罢瞪起眼来。这话一说，对方就得在心里掂量一下，不敢贸然行事，因为不知道对方到底是什么来头，这样的架势一出来，就有震慑力。如果用斯文、讲理的语气说，那对方立马就知道了你的底细，一顿暴打了事。听起来比较有趣，但这里面是有学问的。套用一句老话"到什么山头唱什么歌"，做什么就要有什么样的架势。

说这个和营销有何干系？举个例子，拿太阳雨当初开拓国内市场的案例来说。基于品牌发展策略，太阳雨最早从出口起步，通过积极拓展，实现行业内出口份额遥遥领先，但在国内名气却不大，很多人都不知道，所以当我们回过头来开拓国内市场时就有了难处。当时我就想了一个办法，让顾客和经销商尽快认可和接受。我对业务人员讲：你问他们几个国际大品牌，他们肯定不知道，然后你再问他们：太阳雨知道吗？不知道就对了，因为它是国际大品牌。于是，就有了"国际品牌来到中国"这样的口号，顾客便感知到太阳雨是一个国际大品牌，心理上便认可和愿意接受了。

营销讲究的不仅仅是做事，更重要的是做势。做事就是要有内容可呈现，对于企业来讲就是产品和技术必须有竞争力，但仅仅有内容是不够的。在市场经济体制下，信息永远是不对称的，你的产品技术再好，出口份额再高，国内顾客、经销商却不知道，那一定很难认可你。把自己的内在实力恰当地经营和呈现，让别人感知到，便是势的营造。

刘一秒在《盈利智慧》中提到四个板块，分别是理念、机制、印象、势。我的看法是首先要有正确的理念引导企业发展方向，用健全机制确保运行畅通，通过对内对外的经营树立企业形象，最终是营造企业的大势，而这个势正是企业保持活力和长足发展的精神根基。

高举品牌之势

在品牌战略上，坚持高举高打，占领品牌传播制高点。太阳雨成长到今天，央视这个平台的作用是毋庸置疑的，对品牌建设和销量增长都有极大的推动力，带动品牌从精神和物质两个层面提高。同样的广告，如果放到地方电视台，是绝对不会有这样的影响力的。央视的引导性、权威性是不可比拟的，这样的平台，我们会继续高举高打。

一年一大事的策略也是太阳雨品牌势的营造：2007年世界太阳能大会金牌赞助商，2008年北京残奥会助威团，2009年太阳雨公益慈善基金，2010年上海世博会生命阳光馆，2011年中国环保事业合作伙伴，通过这样高层次的、大范围的传播，在行业中、顾客中树立太阳雨行业领导品牌的形象，经销商有了信心，顾客也对太阳雨品牌有了信任和尊重。

活跃市场之势

市场势主要通过活动势、销量势、渠道势的相互联动来营造。活动势要体现在终端活动的开展上，搅动终端市场。凡事预则立，不预则废。每年的 3·15 服务月、五一劳动节、十一国庆节等都要围绕主题开展声势浩大、上下联动的活动，搅动市场脉搏。城乡大联动是我们促销活动的典型，通过大联动的方式，营造宏大的势，提振经销商的信心，带给顾客震撼和冲击力，促销现场气氛热烈，销量飘红，2012 年一季度成熟市场安徽宿州的大联动更是创下单场活动实现销售 1328 台的骄人业绩。

销量势就是通过有效的活动带来销量，通过销量数据证实市场的活力。渠道势则是通过扁平化渠道策略，广泛开发经销商和分销商，把他们发展成为永久经销商，巩固渠道。

凝聚组织之势

太阳雨的营销铁军，遍布中国 31 个省、市、自治区，1300 多名营销人员，统一实行"军事化营销学院"的管理模式，每次季度及年度会议，全都统一着军装，外人看到后都说："你们太阳雨果然是大企业。"这就是集体势带来的外在印象。大会的流程都是用心策划的，首先要传达营销人员真正关心的内容，给他们发展的平台和支撑，并且把实事做到位，带动群情振奋的氛围，共闯江湖，共享战果，"大块吃肉，大碗喝酒，大秤分金银"，会议结束后营销人员都带着满满的能量和激情奔赴下一个战场。

在干部会议上我常说，干部带队伍好比带兵打仗一样，做势很重要，判断一个干部能否带好队伍，能否带起势是很关键的。我们一个分部的负责人创新了会议营销模式，不论是演讲内容还是现场活动，都精心策划，通过这种模式对经销商、分销商、导购员、业务员进行营销战略和思想宣贯，带来上下统一的高涨士气，13 天内 6 场会议共实现回款 1600 余万元，收效显著，这样的干部就是既能做事又能做势的优秀干部。

营销人员也要营造自己的势。关公面前耍大刀,你得会耍。我们说的做势不仅要有真本领,还要会摆架势。一个合格的营销人员不仅仅要有基本的能力修炼,还要有得体的仪表和言谈举止,以让人信服的专业方式向客户推介太阳雨。

做事是基础,好比树的根基,只有深扎土壤,树才有生命力;做势好比树的叶子,长得鲜绿浓密,方能彰显生命的色彩。

营销的双向思维

在中层干部会议上,我常常跟大家分享,干部在思想上要有双向思维:一种是员工思维,另一种是老板思维。员工思维是多考虑平台为自己带来的价值,无论是受到下级尊重,还是得到媒体关注,都千万别把自己太当回事。因为这一切光环的背后是公司,如果没有这么一个平台,自己什么都不是,认不清这个事实,就容易妄自尊大。老板思维是多考虑自己为平台贡献的价值,干多少活,拿多少钱。如果只惦记着"拿多少钱就干多少活",职业发展的出路就会被自己卡住。双向思维不但体现在思想上,也体现在行为上。我们2012年营销策略的方方面面,也都围绕着"双向思维"来展开。

组织建设要有"拉"有"打"。"拉"是搭建平台——人才选拔平台、组织生活平台以及上级沟通平台。我们启动了"百人选才"计划,开放空缺的职位让大家公开竞聘,涌现出许多好苗子,搭建起了人才选拔的平台;我们提出"过集体生活"的团队建设方针,希望通过团队建设活动搭建起组织生活的平台;我们在公司内部设立了一个"树洞"邮箱,灵感来自和菜头的"树洞"网站,成立的初衷就像和菜头说的那样"让最小的声音也有人聆听",了解业务人员在一线的困惑、困苦、困难,实现他们的期许、期望和期盼。

"打"是预防组织中的危险。总书记说的四大危险"精神懈怠、能力不足、脱离群众、消极腐败"在我们的组织里也有迹象。应对精神懈怠的危险，我们旗帜鲜明地提出"越积极越增长，越消极越下滑"。应对能力不足的危险，潘石屹有句话说得特别恰当："如果你觉得自己能力很强，凭自己的才能就可以取得成功，这时失败就等着你。"应对脱离群众的危险，我们提出"离用户越近，竞争对手就离你越远"，像任正非说的"让听到炮火的人呼唤炮火，让一线直接决策"。应对消极腐败的危险，我们引用管仲的警世名言："礼义廉耻，国之四维，四维不张，国乃灭亡。"通过"拉"与"打"结合，来关注、关心和关爱业务人员，实现组织建设的目标"做工作上的战友、生活上的朋友和学习上的益友"。

渠道拓展要有"上"有"下"。向上，从三、四线城市向一、二线城市扩展。太阳能热水器最早从城市开始做起，在行业发展初期由于技术不甚成熟，给早期的城市消费者形成了负面印象，于是转而选择其他替代产品。经过多年的技术发展，当初的问题早已解决，但城市消费者的印象业已形成，所以现在要通过建造产品体验馆等举措，在城市进行消费者教育。从民用热水市场到商用热水市场再到工业用热水市场，未来城市市场一定是我们的主战场。向下，渠道精耕细作，将网络发展到田间地头，在核心市场树千万大商，做百万乡镇，创百台小集。

产品组合要有"高"有"低"。面向高端市场，推出智能化设计的高端产品，满足高端人群多元化的消费需求。智能化是产品未来的方向。IT行业常用一个词叫"用户友好型"交互设计，渐渐地，传统制造业在产品设计上也会越来越关注用户体验。同时，面向中低端市场推出高性价比产品，满足大众的消费需求。

政策拟定要有"外"有"内"。对外，除了常规的促销政策之外，为经销商实施年度奖励计划和品牌经营积分，建立经销商绩效考核机制，督促经销商制定合理的销售计划，激发他们的积极性。对内，为员工制定合理的薪酬绩效体系，兑现团队建设奖励计划，调动团队的主观能动性。

服务支持要有"新"有"老"。后销售时代，服务的重要性愈加凸显。每产生一名新的用户，我们都要求仔细收录用户的资料。2012年，我们计划在终端开展"老用户营销"，让老用户成为我们品牌的代言人，通过他们切身的产品使用体验为品牌作背书。

品牌造势要有"聚"有"散"。如今消费者的眼球大多聚焦在三块屏幕上：电视屏幕、电脑屏幕和手机屏幕。短时间内，电视屏幕还是主导，因此我们继续聚焦在央视高举高打，占领这块品牌传播的高地。而电脑屏幕和手机屏幕是新媒体，我们为新媒体专门划拨了一定比例的费用，充分贴近新型消费者的媒体接触习惯，微博、微电影等新兴的传播方式都在积极尝试中。品牌的活化，对内通过产品的不断更迭来实现，对外则通过传播方式的不断更新来实现。投放传统媒体的同时投放新媒体，分出触角探知新的事物，不仅是出于扩大销售的需要，更重要的是活化品牌。

执行层面要有"粗"有"细"。以经销商年会为例，年会是我们每年执行力度最大的项目，执行起来既要"粗"——为项目拉框架，为执行者提供硬待遇、硬政策和硬支持；又要"细"——每个参与其中的人都要有硬作风，专注做好每个细节。

雨果说："最猛烈的打击莫过于失掉平衡。"营销的双向思维就是一种平衡之道。单向思维像"金鸡独立"，撑得了一时撑不了一世；双向思维是"两条腿走路"，唯有站稳，才能远行。

积则增，消则怠，拼则赢

岁末年初，各大媒体评论员、各派经济学家纷纷开始预测2012年的经济形势。不知是不是受到玛雅预言的影响，舆论充斥着各种唱衰的声音，加上国际、国内经济环境一些负面因素的影响，许多人都表示不看好2012年中国制造业的发展，认为2012年不是个"好年头"。对于这些论调，我的观点是"积则增，消则怠，拼则赢"。

2011年，国内部分地区制造业的劳动力成本开始下降，有人说这是好事，劳动力便宜了，产品整体的成本就会降下来。我却觉得这是个危险的信号：工人工资下降，他们的消费会进一步下滑，农村消费市场的整体需求就会被拉低。像太阳能热水器这种部分市场在农村的行业，就会受到影响。有人说现在的太阳能光热行业正处于压力指数历史最高、信心指数历史最低的时期。不但是太阳能光热行业，很多其他行业也面临产能增量大于市场增量的困局。然而，即便在这样看似不利的市场环境中，我们仍旧可以发掘出非常多的新机会。

从政策层面讲，国家要建设3600万套保障房。我和行业内人士讨论过，如果3600万套保障房中的百分之五十安装了太阳能热水器，将会诞生一个700亿元的太阳能热水器市场大蛋糕。700亿元，是中国太阳能热水器市场一年的保有量，将为行业带来巨大的机会。

从市场层面讲，由于政策引擎的拉动，2011年城市太阳能热水器市场呈现出井喷式的爆炸性增长。据行业媒体统计，2011年，整个太阳能光热行业工程市场的增量超过了50%。中国国家能源局日前发布：未来五年，中国将建设100座新能源城市，200个绿色能源示范县，1000个新能源示范区，10000个新能源示范镇。这些新能源示范项目的建设，又给太阳能光热行业带来了无限的可能性。

从技术层面讲，让城市消费群体困惑的技术问题开始一一被解决。前几年我在北京的时候，站在高楼上，看见一大片楼房都没安装太阳能热水器，很伤感，当时就想到了一个短句：被城市放逐。如今，太阳能热水器的承压力增强，外形设计越来越美观，出现了平板式和壁挂式，与建筑的融合度越来越好。技术和外观的双重突破，让城市消费者对太阳能热水器的认可度大大提高。

从品牌层面讲，市场竞争加剧导致品牌逐渐走向集中化。2010年，行业的品牌数量达到顶峰，有大大小小3000多个品牌。随着市场不断发展，品牌开始集中，2011年只剩下2000多个品牌。短短一年时间，就有1000多个品牌从市场上销声匿迹。在经济低迷、购买力下降的市场环境中，小型企业困顿下沉；中型企业进退徘徊，在观望中举棋不定；大型企业看上去非常淡定，稳中求进，发展趋于理性。

在行业的很多会议上，我都提出，在目前的市场环境下，我们必须树立这样的理念"越积极越增长，越消极越下滑"。太阳雨刚刚进入太阳能光热领域的时候，这个行业有1000多个品牌。现在我们做到了行业第一，靠的就是不断积极进取。2009年，在全球金融危机的冲击下，大多数企业都在缩减传播费用，太阳雨逆市而动，首次参与央视黄金广告时段招标，成为当年的新能源标王。此后，每年的央视招标我们都积极举牌。央视是一个重要的战略阵地，对企业也有很高的准入门槛。参与2012年央视招标时，《新闻联播》报时广告底价不到两千万，一家企业的代表举了一个手指头，招标师问："是加一千万还是一百万？"这位企业代表摇摇头，说："1个亿！"那个场景对我的触动非常大，深感央视绝对是大品牌玩的场子，企业的销售收入增长必须年年高过央视广告费用的增长，不然你玩不起，就会被踢出局。对企业来说，这也是一股鞭策的力量。

个人认为，在2012年的市场环境下，企业之间的竞争一拼家底，即拼谁的家底厚；二拼骨头，即拼团队的意志；三拼合力，即企业的综合竞争力。2012年，积则增，消则怠，拼则赢！引用温家宝同志在2009年两会期间说的话："莫道今年春将尽，明年春色更宜人。"

网时代，谁动了你的奶酪？

2013年淘宝"双十一"再次上演了一场以分秒计算的电商传奇，11月11日零点开战，55秒交易额突破1亿元，5分49秒突破100亿元，最终以当天总交易额350亿元完美收官。"双十一"当之无愧地成为全球最大的网络购物节，并开始辐射到线下，从一个线上消费者活动变成社会性消费者节日。互联网时代，电商正以令人惊叹不已的步伐迅速占领时代的前端。

在畅销书《谁动了我的奶酪》中，作者用老鼠和小矮人的故事生动地阐述了"变是唯一的不变"这个真谛，为世界支起一面镜子，让我们思考怎样应对信息时代瞬息万变的机遇和危机。未来，唯一不变的是变化，懂得随机应变并享受变化的企业，才能够把握未来。"双十一"巨大的规模效应让电商们趋之若鹜，线下实体商逐渐感到如坐针毡，开始寻求电子商务转型，推出自己的网购平台，不可逆转的力量已开始倒逼传统企业走向电商化。电商正在悄悄地拉动拴住奶酪的绳子……

在这股新势力中，移动互联网是最鲜明的一支，2013年"双十一"新的特征便是移动互联网异军突起，淘宝手机端支付宝成交额53.5亿元，手机终端普遍应用实现了互联网到移动互联网的改变，推进电子商务线上线下互动，极大地提升了消费者的购物体验，移动互联网正以微小轻巧的姿态不动声色地改变人们的生活。

在自动售卖机上，人们用手机扫描二维码购买饮料；餐馆不需要固定的店面，通过手机就可以让厨房车送菜上门，并配备服务人员；余额宝以其灵活、高收益的特性吸纳了大量存款……诸如此类的现象出现在社会生活的各个方面，网络已经成为时代脉搏中不可或缺的节奏，互联网和传统的奶酪大战已硝烟四起。传统企业必须思考如何应对变化，破解危机，抓住机遇。

首先，要有机敏的危机意识。如果用一个词来形容网络时代的节奏，那就是瞬息万变。互联网的出现，造就了更多的可能性，很多新兴的运营模式也应运而生，取得了令人震惊的成就。小米就是典型之一，其轻资产的盈利模式不同于传统的工厂和渠道，采用互联网的电商直销模式，把精力高度集中在产品研发和用户服务上。面对新兴企业冲击，传统企业要重新审视现有的模式，从中看到危机和新的机遇。我们不难发现，那些轻视未来新变化的企业往往都在固守现有优势中走向了失败，柯达就是一个惨痛失败的案例。许多嗅觉敏锐的传统企业，正在借助互联网思维，急速地向新兴企业的运营模式转变。在这一点上，太阳雨作为传统的制造企业，必须摆脱固有模式，与互联网接轨。

其次，要转变思维。互联网思维强调专注、极致、快速和口碑。在互联网时代的大背景下，商业模式从规模化产品经济向范围化体验经济转变；营销方式上，从"产品——渠道"转变为"体验——社群"；消费者策略上，从以公司为中心到以用户体验为中心；专卖店也面临从销售场所到体验场所的转变。传统企业要深刻洞察这些变化，适应互联网的游戏规则，从传统思维转变为互联网思维，以新的方式与客户沟通。对此，我们坚持"以市场为导向，以用户为中心"的思维，进一步强化用户体验的核心诉求。互联网思维的最终目标是更贴近地与消费者深度沟通品牌、产品，为用户带来全新的购物体验,以线上支付模式引导消费者到线下体验服务和产品,实现线上(网店)线下(实体店)双店一体化运营。

最后,打造新模式。传统企业互联网模式的打造是一个"借势互养"的过程,借势是指企业借助现有的资源,与互联网嫁接,实现现有资源的盘活和升级。在线上,借用现有电商平台,开设官方旗舰店。在终端,借力现有渠道网络,解决物流、安装、售后,由于太阳能产品的特殊性,安装、物流的及时性,需要经销商大力配合。互养则是指在大数据时代,企业可以通过网络平台的数据深入研究消费者行为习惯,挖掘和预测用户体验点,最终形成闭环,实现产品供应、物流配送、网络营销的改变与提升。同时,线上销售为线下销售打开新的通道,通过合理的利益分配,实现双店一体化销售的共同提升。

张瑞敏曾说过,没有成功的企业,只有时代的企业。在全新的互联网时代,企业必须抓住时代脉搏,顺应趋势,而不拘于现有的优势,才能做大自己的奶酪。

影响力的境界

前段时间重读罗伯特·西奥迪尼的《影响力》，这本被誉为营销人必看的经典巨著有别于传统的营销理念，它以别致的切入点，阐述了具有影响力的人和行为背后的机理。在太阳雨 2013 年第三季度总结表彰大会上，我以读书会的形式和太阳雨营销团队一起分享和探讨了影响力的话题，解读很多市场行为和现象背后的密码，也为营销团队在市场运作中寻求创新和突破提供了新的视角和思考。

《时代周刊》"全球最具影响力人物"从 2004 年开始评选，评选当年全球各领域引领风潮的百位最具影响力人物，他们并非全球最有权力或最有钱的人，而是一群使用想法、洞察力、行动对民众产生实际影响力的英雄。影响力是撬动世界的杠杆，而营销则是影响市场的一种方式，掌握影响力的密码对营销有很大的借鉴意义。影响力不仅对营销人有实操性的技巧指导意义，作为企业，更应通过其背后的机理解读市场需求和动向，经营品牌影响力。

影响力的第一要素是心态。从与外在的关系角度讲，人的心态分为主动影响和被动接受两种。影响力首先是一种主动的心态，能够通过自己的想法和行动影响世界。很多人把自己的世界限定得很小，无非是家庭和工作，触角也不愿延伸得更远，这样的结果只能是影响力越来越弱，最终连自己界定的小世界也经营不好。而主动影响型的人会把世界看作施展自己才能和实践的舞台。放大自己的世界观，才能有更高远的视角，在世界面前，每个人都不应该把自己当作一个看客。

影响力的核心是实力。有实力不一定有影响力，但有影响力的人必定有实力。对个人来讲，影响力必须建立在一项专业技能基础之上，信服是影响力的前提。企业也是如此，首先要具备有价值的产品和服务，继而才能通过营销运作辐射企业的影响力。在营销不断演进的今天，不可避免地出现了很多过分注重营销，却缺乏实力支撑的企业，这样的影响力只能是一时，最终会如空中楼阁般轰然倒塌。

技巧是影响力的重要因素。西奥迪尼从心理学和行为学的角度，深刻揭示了顺从他人行为背后的六大秘籍：互惠、承诺和一致、社会认同、喜好、权威、稀缺。这些技巧层面的原理在影响力中起到了不可忽视的作用。在太阳雨2013年第三季度总结表彰大会上，我们本着"当下师为无上师"的理念，推荐内部优秀的营销人员进行分享，在他们深入市场一线的"脚营销"中，不仅充分借助太阳雨品牌和产品的强大背书，更是巧妙地运用了这些技巧，摸索出了自己独特的方式，在开发客户和拓展市场时得心应手地运用。

影响力是一个不断演变的过程。有这样一个很有意思的段子，男生对女生说："我是最棒的，我保证让你幸福。"这是推销。男生对女生说："我老爹有多处房产，跟我好，以后都是你的。"这是促销。男生根本不对女生表白，但女生被男生的气质和风度所迷倒。这是营销。女生不认识男生，但她所有的朋友都对那个男生夸赞不已。这是品牌。这个段子形象生动地解释了影响力逐级提升的过程。企业发展往往遵循这样的路径，在起步时，竭尽全力去寻找和说服顾客接受自己，经过不断地积累实力和资本，逐渐扩大影响力，最终赢得认可和追随。

　　凭借直销模式崛起的安利公司，起初曾采用一种名为 Bug 的免费试用手法，Bug 由一系列安利产品组成，免费让顾客试用，无须负担任何义务，等到销售人员把 Bug 取回的时候，很少有人会拒绝购买安利公司的产品，这样的方式使安利公司的销售额迅速增长。这种"毫无身价"的方式，让安利公司积累了销量和品牌的影响力。随着品牌在国内市场不断壮大，安利逐渐扩展了"直销+店销+经销"的多元化营销模式，2012 年中国市场的销售额突破 270 亿元。安利的发展过程是企业影响力不断演变的典型，太阳雨起初的发展，也是建立在营销团队扎根田间地头开拓市场、开发渠道的基础上。我始终认为直销的能力是每一个营销人的基本功，没有这样的基本功，就很难在其他先进的体系化营销中崭露头角。

　　企业影响力的最高境界是顾客来寻找你，而不是你费尽心机地寻找顾客。未来，企业经营影响力的理念应当是强化企业标识，让品牌成为磁场强大的磁铁，吸引客户找到自己。

营销的价值认同

前不久到国外出差，我奉妻子之命买一颗黑珍珠作为礼物。任务型人格的我接收到明确的需求信号就开始有目的性地寻找。在机场珠宝柜台，黑珍珠最便宜的万元起价，品相好的黑珍珠更是价格不菲。妻子对黑珍珠的价格并不了解，事前只是叮嘱我不要花太多钱。但最后，我用超出妻子预算很多的价格买下了黑珍珠。回国后，完成任务的我很高兴地把礼物送给她，没想到在知道价格后，她却把我数落了一番。但之后我却发现妻子一直都戴着这颗黑珍珠，心中不免窃喜，觉得这是一件有意思的事情。商品的价值到底应该由什么来界定？价值高低是否真的存在合理与不合理的标准？

黑珍珠的珍贵源于"二战"时期的一段故事，做珠宝贸易的意大利商人萨尔瓦多，被人们称为"珍珠王"，一次偶然的机会，经朋友介绍了解到一种黑边牡蛎珠母贝出产的罕见之宝——黑珍珠。于是萨尔瓦多开始开发采集黑珍珠销售，但是那时候黑珍珠还没有市场，买的人也不多，最初一批珍珠色泽不佳，又灰又暗，连一颗都没卖掉。萨尔瓦多本可以放弃黑珍珠，把库存低价推销出去。但他并没这样做，一年后他努力改良出一些上好的品种，然后带着样品去见一个做宝石生意的老朋友，朋友同意把黑珍珠放到第五大道的店铺橱窗里展示，标上令人难以置信的高价。同时，萨尔瓦多在数家影响力广泛、印刷华丽的杂志上连续登载整版广告。广告里，

◎营销的价值认同◎

一串串明亮的黑珍珠,在钻石、红宝石、绿宝石的映衬下,熠熠生辉。"养在深海人未识"的黑珍珠,从此席卷纽约城的奢侈品阵地,环绕在当红女明星的粉颈上,在曼哈顿招摇过市。原来不知价值几何的东西,被萨尔瓦多捧成了稀世珍宝。

黑珍珠的故事是一例经典的营销妙笔,商人萨尔瓦多用灵敏的商业头脑捕捉了人们心目中对价值的感知密码,将人们从未了解的东西卖出了天价。黑珍珠和其他商品一样,本身并没有客观的价值标准,但当他把黑珍珠和名贵的珠宝摆在一起并标上高价时,人们就自然地认可了黑珍珠的价值。人们对黑珍珠的印象从未曾了解到愿意付出高价购买,在这个过程中,萨尔瓦多通过营销手段为黑珍珠烙印了不菲的价值,激发了顾客需求。营销的核心便是创造商品价值的法则,是一种实现商品价值的艺术。在当下的互联网浪潮中,类似的营销案例不胜枚举,雕爷牛腩创造了轻奢餐的理念,定位中档的餐饮产品,精心策划用餐体验的细节,并利用互联网思维进行营销,让顾客感受并认可轻奢餐的概念,继而激发了想要尝试的欲望,越来越多的顾客认可之后,轻奢餐的营销便打开了局面。

不少人对上面提到的营销案例持怀疑态度,认为营销所营造的价值是人为的界定,在产品本身的客观价值之外增加了过多的营销溢价,甚至觉得含有忽悠成分。在这一点上,我认为越是高度发达的经济社会,它的营销伦理必定是健全而有秩序的,人们认可营销的价值,并且营销能够将有价值的产品和服务传递给顾客,带动市场经济多元化繁荣。

作为一名营销人员,首先要在理念中扎根对营销的价值认同,只有坚定这个理念才能乐在其中,游刃有余地在市场中将营销做到极致,并在这个过程中实现自我的价值认同。阿兰·德波顿在《身份的焦虑》一书中,深入浅出地剖析社会普遍存在的身份焦虑现象，人最大的痛苦是自我的不认同，不管是一帆风顺还是举步维艰，都难以摆脱这种烦恼。每个人都唯恐失去身份、地位，如果察觉到别人并不认可自己，就很难对自己保持信心。我们的"自我"就像一只漏气的气球，需要不断充入他人的认可才能保持形状，而他人对我们的忽略则会轻而易举地把它扎破。应对身份焦虑最核心的方式就是建立强大的自我身份认同，对营销人士而言，就是要认同营销的价值法则，认同营销在经济社会中不可或缺的地位，将好的产品和服务带给所需要的人。

营销的前提是优质的产品和服务，载体是有着强烈认同感的营销人，在本质上是人文的互动，扮演着经济社会价值流通桥梁的重要角色。

坚持与创新

2017年10月底,我前往三亚参加2017年国际广告节。临近万圣节,沿途景色充满了节日气氛,令人不禁感慨在开放创新的时代下,全球文化已逐渐融为一体。作为70后,对于节日最深的情感记忆还是传统的中国节日。此情此景恰好与此次论坛主题"民族品牌的国际化战略"不谋而合。在后来和朋友的交流中,我分享了太阳雨作为地道民族品牌在发展历程中的"坚持与创新"。

坚持和创新,是企业战略天平的两端,我们首先要做的是明确和统一对词语本身的定义,然后再谈坚持什么,创新什么,两者的关系又如何处理。在企业升级发展过程中,充分传达和正确理解企业理念,是全员协同作战的思想基础。

坚守的力量

坚持是中性词,坚持好的东西,叫坚守;坚持不好的则是保守。对企业而言,只要找到对的路,就不怕山高路远。

互联网的喧嚣过后,企业渐渐从颠覆的惶恐中沉淀下来,更多地看到了坚守的力量。OPPO和VIVO在今年手机销量榜上显山露水,拿下半壁江山,与红极一时的互联网品牌形成鲜明的对比。二者的成功是坚守传统模式的成功,抓住传播、渠道、人海三个核心,稳扎稳打,与太阳雨的成功路径极为相似。

自 2015 年，我们提出"稳底盘、推中盘、思上盘"的思路，稳底盘就是坚守核心业务和竞争优势，推中盘是互联网化的业务拓展和组织搭建，思上盘则是展望未来的格局和模式。对应匹配的人才队伍分别是发现问题、处理问题的干才，把握机会、弯道超越的将才，洞察趋势、明晰方向的帅才。唯有经过思辨后的去粗取精，去伪存真，才能找到企业对的路和对的人，并坚守不动摇。

坚守下不断创新

谈及创新，最常被引用的便是《礼记·大学》："苟日新，日日新，又日新。"中华民族对创新的定义即滥觞于此，商朝君主成汤将其刻在澡盆上作为警词。

"新"字表义是指时常清洗身体的污垢，后引申为精神的弃旧图新。身体会随着年龄的增长出现中年臭，思想的发臭则更为可怕，创新是维持生命机能和思想蜕变的必修课。创新也是一个中性词，"新"只是代表不一样，既有"更好"的一面，也有"更坏"的可能。

对企业而言，创新必不可少，但只有在坚守正确方向前提下的创新，才是更好的创新，迷失方向的创新是灾难性的，正如迷失方向下的问题不是问题，迷失方向下的机遇也并不是机遇。企业的创新是经济社会需求及解决方案的独特组合，有非常高的价值导向。太阳雨作为技术型的制造业，不仅要关注自身的产品技术更新，更要关注行业之外的跨界革新，在多元化和国际化的轨道上，探索真正有价值的创新模式。

龙应台在《什么是真正的"国际化"》中有这样一段话："先进国家的'现代化'是手段，保护传统是目的。在环境生态上所做的巨额投资与研发，其实不过是想重新回到最传统最单纯的'小桥流水人家'罢了。大资本、高科技、研究与发展,最终的目的不是飘向无限,而是回到根本——回到自己的语言、文化,自己的历史、信仰,自己的泥土。"

  对我们而言,坚守的是方向,创新的是手段,太阳雨将坚守创业初心,以"科技让生活回归自然"为品牌使命,专注太阳能、空气能的光热利用,以及净水两大核心业务,认同自身的核心优势和竞争力,同时通过观念与技术的创新来推动产品服务升级,打造中国式的自然生活方式,最终的目标是探索和成就太阳雨品牌本身。

转化的艺术

最近，在我们工程公司连续发生了三件事，深深刺痛了我。

第一件事，在与某外资地产公司签署战略合作协议的时候，仪式背景条幅上竟然没有任何太阳雨的信息。第二件事，2018年工程产品画册样稿，第一页竟然放了一个单机产品。第三件事，2018年我们针对太阳雨所有管理岗位发起了PK竞聘上岗的创新变革，前面已顺利组织了两轮，但到了工程公司全国各区域负责人PK竞聘的时候，又重复发生了一些流程上的低级错误。这三件事，促使我不停地反思：为什么有些人有些事就是办不好？

最终，我找到了答案：同理心（Empathy）。

这个源于希腊文empatheia（神入）的词，还有几个别称：换位思考、设身处地理解、共情。同理心，其实就是一种转化的艺术。这种转化是多向度的，包含了三种能力：区分与辨认他人情感状态的能力、假设对方观点和角色的能力、经验情绪和反应的情感能力。个体在于认知，组织在于流动。对于企业管理而言，这三种能力的背后对应的是转化的三层要素：经验之外的存在、多边共赢的关系、流动进化的组织。

经验之外的存在

管理大师詹姆斯·马奇在《经验的疆界》中指出：对于一个组

织，如何才能复制成功的经验？第一种方法是低智适应，在不求理解因果结构的情况下，复制与成功相连的行为。第二种方法是高智适应，努力理解因果结构，并用其指导以后的行动。

如马奇所言，向经验学习有其自身的局限。我们在讲述前人成功故事的时候，往往会夸大或忽略某些部分，而这些差异对成功往往也会产生影响；我们很难再次找到完全一致的情景；组织内部的利益争端和执行力低下，同样会阻碍经验的完美复制。太阳雨这几年进行了相关多元化的升级转型，以及线上线下O2O的探索，但因为没有意识到这一点，我们走了不少弯路。

试错，摸着石头过河；模仿，复制与成功相连的行为；天择，生孩子，通过选择性基因遗传和变异，繁衍新的物种。这三种适应的机制同时存在。因此，要复制成功，实现持续增长，首先要以开放、包容的心态接受经验之外的存在。

多边共赢的关系

由于个体认知能力的差异，我们身边不乏巨婴、老雏鹰一样的存在。在他们的感知中，世界非黑即白，非此即彼。不通情理的冷漠，或得理不饶人的争辩，往往让人远离。

真实的世界，是一种动态的博弈平衡。这种博弈包含了零和、正和、负和三种状态，其中后两者统称为非零和博弈。与黑白相对，非零和是一种灰度状态，它所包含的是人类朴素的价值观及处世哲学。比如我的母亲，一个地道的安徽农村妇女，没念过多少书，她会依据自己的智慧去与别人沟通、争执，但从来不至于撕破脸皮。顺应认知，转化问题，创造出虚拟的共同"敌人"，建立同盟，解决问题，这就是正和博弈，一种多边共赢的人际关系与人生智慧。

流动进化的组织

站在达尔文的肩上,法国哲学家亨利·柏格森提出了创造进化论的思想:生命演化的动力是"生命冲力",一旦生命冲力克服不了物质环境的障碍,变异就开始了。原本普通的鹿,变异成长颈鹿;陆地动物,被海洋阻隔,变异出鲸鱼;被天空阻断,变异出飞禽,等等。简言之,环境不是生命演化的唯一因素,而是生命冲力自主地决定演化,环境只是演化的外部原因和产生变异的契机。

企业,同样是一个生命体,有着自己的生命冲力。只有流动,才能创造各种优势条件,激发内生力,推动自身不停进化、变异。机制创新,是组织进化的根本性保障。

我的老家在安徽怀宁,200公里外的休宁盛产一种美食——毛豆腐。皖南独特的地理环境、温润的气候,加上把握时节的微生物发酵,最终将植物蛋白转化成饱含氨基酸的美味。这种数百年流传于民间的智慧,是最自然的转化的艺术。

人本管理,不是以人为本,而是以人性为本。张作霖所说的"江湖",蒋友柏所说的"人性的布局",指的都是这个。事物的情与理,永远不要割裂处理。

节奏感

3月,家乡的油菜花又开了,金黄明艳的一片,好不热闹。等到了5月,这一神奇的植物将被收割、压榨、提炼,最终制作成唇齿留香的菜籽油,进入千万家庭。在《舌尖上的中国》第2季中,我们祖先的这一古老智慧被生动地记录了下来,而我今天想和大家分享的,正是这流淌于中国人血脉中的智慧:节奏感。

节奏之谜

天地有序,万物有灵,向日而生。中国农耕文明中的所有节点都遵循着古人发现的规律——二十四节气运行着,在广袤的乡村,数千年来人们过着日出而作日落而息的生活。

但随着工业文明的崛起,人类开始超越自然的限定,发明出温室大棚,无节制地使用各种农药,甚至培育出各种太空作物、转基因作物。人群开始大规模地迁徙,涌向更加繁荣的县城、省会、北上广深。面对极度丰盛的食物,我们突然开始发觉,它们再也没有记忆中那种鲜、香、清、甜与回味,取而代之的是各种人工合成的浓艳。在繁荣璀璨的不夜之城,一天的时间不再是按照二十四小时划分,各种快餐文化让人沉溺其中,流连忘返。时间,开始消退。

同时,在心理层面,年龄的坐标也正在消失,各种宝宝、各种呆萌悄然流行。这一现象的背后,正如武志红在《巨婴国》中揭示的一样："我们90%的爱与痛，都和一个基本事实有关——大多数成年人，心理水平是婴儿。"在企业的日常工作中，我也常常会被一些过家家式的行为激怒。自然的节奏，时间的节奏，事物机理的节奏，为什么成了一个个谜团？

使命之力

公司里一般存在着三种人：第一种，需要你手把手地教他怎么做，需要你哄着他做；第二种，需要你告诉他明确、具体的需求和路径，他才能行动；而第三种人，更擅长利用自己的专业能力，挖掘你潜在的真实需求，帮助你找到问题所在，给出的结果往往会超出你的期待。

在复杂、不确定的时代背景下，第三种人会推演、修正、复盘，从更高的维度、更深的层次、更广阔的视野，通过自我身份认知、自我角色升级，进而实现自我价值认同。个体的成长，依赖于组织的资源和风险对冲能力；而组织的成长，依赖于个体的智慧与价值，使命是彼此连接的纽带。

因此，今年春节我特地带着女儿去了一趟北美，从多伦多大学开始一路辗转南下，让她自己去感受这些世界一流大学开放的文化与气息，感受它们开放、鲜活的文化与使命感召。通过挖掘天赋、在情境中建立共鸣，辅以刻意练习，我希望未来她能够成为第三种人，一个对社会、对他人更有价值的人。

破壳之痛

"宰相必起于州部，猛将必发于卒伍。"2017年年底，我从公司底层擢升了几员80后大将，分别独立操盘太阳能光热公司、工程公司、净水公司。万物有着自己的生命周期，有着自己独有的姿态，节奏自下而上传递，选用这些从底层成长起来的将才，我们的组织和品牌才能获得持续进化的动力和希望。

  这些人，经历过破壳的痛楚，将来也会再次经历鹰的重生，这些过程将把他们历练得更加成熟、稳健。他们会很坦然地承认和接受生命中的一切不如意，然后在自己擅长的领域，尽可能享受能反复带给自己快乐的工作，在这个周而复始的过程中，他们开始拥有了自信。"世界上只有一种真正的英雄主义，那就是在认清生活真相之后依然热爱生活"，这正是我从罗曼·罗兰那儿承袭的智慧。

  春风，夏雨，秋阳，冬雪，或烈日当空，或繁星如海，宇宙犹如机器，遵循规律的节奏，运行不止，人性的光辉闪耀其中。

营销创新再出发

央视一则名为《再一次,为平凡人喝彩》的公益短片一度受到网友的热捧,简练的话语中透露出纯粹的力量,"我们总会在逆境中汇聚起再一次的能量,这个民族只会越挫越强,这个世界永远欣赏每一个敢于再来一次的人"。在2014年太阳雨首次全体誓师冲锋大会上,我们用"再出发"三个字作为主题。在会议上,我用了大部分的时间和大家探讨再次出发的动力是什么。卡里·纪伯伦有句名言:不要因为走得太远,以至于忘记自己为什么出发。年复一年的征程往往会让人们遗忘最初驱动自己的力量,在不知不觉中失去蓬勃的信念。2013年李克强总理在国务院常务会议中提出要以改革创新的精神,有针对性地健全体制机制,使人民生存有尊严、生计有保障、生活有盼头。总理精练地指出了生活的三个重要支点,在获得尊严和保障的基础之上,有盼头则是推动人们追求美好生活的动力源泉。

盼头是什么呢?对个人而言,总结三点:求名、求利、求发展。求名就是指生存有尊严,求利便是生计有保障,求发展则是生活有盼头。新的一年开始,很多人找不到新的目标,继续重复着以往的工作模式,容易陷入一种麻木状态,而不是能量满满、蓄势待发的战斗状态。俄国作家契诃夫塑造了一个极端保守、扼杀一切新思想的"装在套子里的人"的典型形象别里科夫,这个形象从外表、言论到生活习惯、思维方式，无不是"套子"式的，这种腐朽的味道不仅侵蚀了自己，更蔓延到了他所生活的环境里。大到一个时代、一个国家，小到企业和个人，都面临不断寻找全新动力的使命。"问渠那得清如许，为有源头活水来。"寻求新的希望，本质是探求创新，也就是说创新是有盼头的根本。

时代孕育创新。回顾中国经济的变迁，从计划经济到市场经济，《激荡三十年》为我们呈现了一部浩浩荡荡的中国企业史。旧模式下资源的重复积累，必然导致不平衡沟壑的加深，必定会在某一阶段后酝酿新的颠覆和重组。在今天，开放的市场环境下，时代变迁的节奏空前加快，无时不在孕育着全新的生机。雷军曾这样诠释小米的成功："只要站在风口，猪也能飞起来。"风趣幽默的背后揭示的是时代更迭的巨大力量。总会有一批人能够洞察时代的机遇，借势建立新的秩序，乘风逐浪，成为新的王者。按营销的发展演进划分，中国市场大致经历了工厂时代、市场时代和心智时代三个阶段。在工厂时代，大量、快速、高质量地生产产品是企业和品牌成功的关键。市场时代，拓展分销渠道和利用广告进行宣传推广是商业竞争的焦点。而在心智时代下，突破用户的心智防线，占据一席之地是取胜的核心。市场时代下广泛采用的营销方式已经不能应对新的竞争状况。随着移动互联网的迅猛发展，微信、终端支付等一系列新兴事物方兴未艾，营销创新也由此掀开新的一面，全新的营销方式层出不穷。

营销创新作为企业创新的无形要素，越发成为重要的课题。营销创新首先是理念的创新，重复工作对任何人来说都是索然无味的，只有不断地开拓新的玩法才能有新的动力。所以，我们鼓励营销人释放自己的潜能，大胆地进行尝试。其次是思维的创新，在心智时代下，只有充分贴近用户才能找到新的价值点，对太阳雨而言，主流产品新卖点的挖掘以及产品线的拓展，都必须建立在充分进行市场调研的基础之上，挖掘用户热水使用体验中的盲点，扩展关联需求，为用户提供系统化的热水新体验，并充分利用社会化网络平台打造太阳雨独有的客户群，彰显和强化品牌特性。雀巢"笨Nana"冰激凌就是一个心智时代下的成功案例，它在产品特性上开创了一种有趣的食用体验，可以像剥香蕉皮那样剥出美味的冰激凌，迎合了年轻人喜欢尝试新鲜事物的心理特征，它的推广也完全采用了创新的营销方式，熟练地运用社会化网络这一平台进行话题营销，让"笨Nana"在伊利、蒙牛和和路雪三大品牌几乎垄断市场的背景下突出重围。

营销创新需要灵活发散的思维模式，而要支撑它就必须建立全新的机制。机制创新不仅仅在企业管理中起到至关重要的作用，在营销创新中，也能够为创新观念和思维提供保障和激励，从而充分调动营销人员创新的积极性和主动性，促使企业在复杂多变的竞争环境中始终保持鲜活的创造力。

出发没有完成时，只有进行时，再一次，踏上全新的时代列车，开拓意想不到的新天地。

心营销

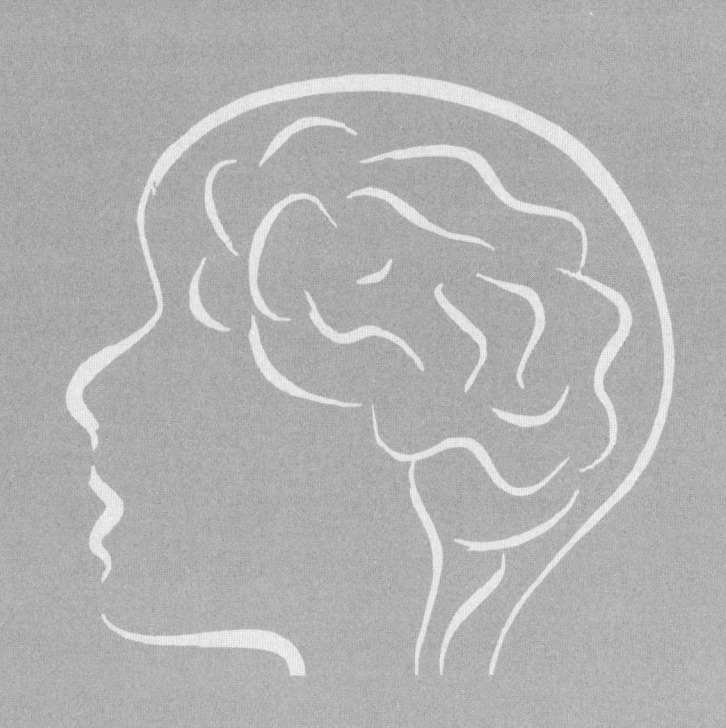

第三章
撬动营销的支点

营销的三度空间

前不久,太阳雨携手央视、光明日报社举办的"寻找最美乡村教师"大型公益活动在北京正式启动。作为爱心合作伙伴之一,"最美乡村教师"早在 2011 年就与太阳雨公益慈善基金的阳光浴室项目结下了不解之缘。

2011 年 9 月 10 日,在获知最美乡村教师达芳退休前最大的心愿是让孩子们洗上热水澡时,我们公益慈善基金的工作人员辗转寻求,联系上达芳老师,并最终将三座阳光浴室交付达芳老师所在的新疆生产建设兵团农十四师一牧场中心小学,让 400 多名师生洗上了热水澡。看到孩子们洗上热水澡时的欢快笑脸,我深深感到,是他们给我们的心灵洗了一次热水澡。

自 2009 年设立太阳雨公益慈善基金以来,我们在全国各地开展了阳光浴室等一系列公益活动,帮助了需要帮助的人,洗涤了自己的灵魂,也渐渐明晰了太阳雨在同行业品牌中独有的特色。

菲利普·科特勒曾在《营销就是区别的艺术》中提出营销就是创造出真正的差异,包括心理、感情上的差异,而品牌就是这样一种方式。在消费者品牌意识不断增强的今天,品牌化、人性化成为不可阻挡的发展趋势,营销的差异已不仅仅体现在产品和服务上,更体现在品牌所承载的形象和气质上。企业品牌的个性化差异能够聚集自己独有的客户群体,形成品牌忠诚度,在营销中凝聚强大的力量。

从起步到成为中国太阳能光热第一股,在成功地塑造坚实的产品品牌后,太阳雨渐渐注重企业品牌的打造。责任、温暖和关爱一直以来是太阳雨品牌形象的主旋律。历年"一年一大事"的营销策略也紧密围绕这条主旋律,每一年的大事虽各有不同,但都采取线上高举高打、线下活动配合的模式,同时,以三个"度"进行把控,打造营销的三度空间,创造品牌的真正差异,在众多促销活动中脱颖而出,这三个"度"分别是:概念的高度、情感的温度和销售的力度。

概念的高度

做任何事情都要有概念,促销活动也是如此。概念的高度是一场活动的灵魂,"寻找最美乡村教师"这一话题具有丰富的概念高度。首先,物质文明不断丰富的今天,精神文明的重要性逐渐凸显,在略显浮躁的当下,人们开始思考什么是美、什么是最美,而乡村教师身上可贵的奉献、关爱和不图一己之私的朴实品质,让人们肃然起敬,他们是这个时代当之无愧的最美。这样的概念高度,折射出时代主流价值观的方向,引导人们反思和重新审视自己,洗涤灵魂,返璞归真。

其次,乡村教师这一特殊群体是中国乡村教育的中坚力量,关系到中国乡村教育的发展,党和国家一直以来都给予高度的关注和重视,企业的参与体现了社会责任,塑造了企业品牌,消费者自然对品牌就有了认可和尊重。

同时,太阳雨与央视和光明日报社等权威媒体合作,扩大了传播的覆盖面和影响力,实现了品牌传播的高举高打。

情感的温度

　　人是情感动物，在营销活动的开展上，自然要把人当人，冷冰冰、充满铜臭味的降价、打折、狂甩等促销方式在品牌化和人性化的今天寸步难行。马斯洛把人的需求分为五个阶梯层次，分别为：生理上的需求，安全上的需求，情感和归属的需求，尊重的需求，自我实现的需求。这个理论可以很好地诠释消费需求和行为，生理和安全等方面的基本需求已经得到普遍满足，而情感需求、尊重需求和自我实现需求不断凸显。

　　在参与寻找最美乡村教师的过程中，我们发现了很多动人的事迹，其共同点就是很多人舍弃原本优越的生活，来到条件艰苦的乡村，心甘情愿、全身心地投入乡村教育事业中。这些真实的故事首先深深打动了太阳雨的每一位参与者，消费者通过太阳雨的促销活动也必然会感受到这种情感的温度。在好的产品和服务的基础上，以情动人，让参与其中的消费者不仅得到物美价廉的产品和服务，更能收获一份温暖的精神满足。

销售的力度

　　企业的本质属性是经营和盈利，任何促销活动都必须落脚在销售的达成上，在销售中不断壮大品牌的力量。一场促销活动在具备了概念的高度和情感的温度后，还要匹配相应的促销产品和促销方式。

　　针对"寻找最美乡村教师"活动的群体和地域，我们进行了周密的市场考察和促销规划。乡村教师在地域分布上属于三、四级市场，与太阳能零售市场的贴合度十分紧密，这样得天独厚的优势与促销活动的开展高度契合。

　　首先，在促销产品上，通过聚焦乡村教师这一特定的消费群体，挖掘其消费需求，有针对性地推出主打促销产品；其次，在促销方式上，借力"寻找最美乡村教师"的势，选择教师节前后这一时间节点，推动经销商联合当地学校和学生群体参与其中，引发关注，带动销量的达成。

  在太阳能行业不断规范化、品牌化的今天，品牌的竞争愈加激烈。在营销活动的开展上，我们通过对三度空间的打造，不断塑造太阳雨独有的品牌竞争力，在品牌战场上不断取胜。

发现品牌的 DNA

王老吉的商标争夺战已尘埃落定，这个一度被誉为"中国可口可乐"的民族品牌，在这场利益争夺中元气大伤，不免让人惋惜。有评论说广药虽然成功夺回王老吉一品牌，但它拿到的是王老吉的形，拿不到王老吉的神。王老吉的神，是"天人合一""药食同源"的凉茶文化，以及所承载的悠久历史传承感，在加多宝集团17年成熟的运营模式下，从同质化严重的饮料市场中脱颖而出，创造出近千亿的品牌价值，成为中国饮料的第一品牌。

王老吉的成功离不开过硬的产品、精准的品牌定位、完善的营销策略等一系列因素，这些因素共同融合成了王老吉的"神"，这里所说的"神"便是品牌的 DNA。任何一个品牌都有自己的基因，是区别于其他品牌最核心的特性。品牌基因绝不是一朝一夕便可练就的。

太阳雨的品牌建设也是一个不断积累的多层面综合体系，包括消费者品牌建设、渠道品牌建设、雇主品牌建设和活动品牌建设，每个层面的品牌建设都有自己的做法，共同构成整个品牌建设的体系，而公益品牌是贯穿始终的，每个层面的品牌建设都必须围绕这根线来开展，是太阳雨品牌建设的最高层次。

公益之于太阳雨品牌，有特别的意义。从太阳雨公司内部的义工团，到北京残奥会助威团的建立、阳光浴室的捐赠，再到2012

年联合央视和光明日报社发起的"寻找最美乡村教师"活动，公益这种正能量已经深深渗透在太阳雨的品牌建设中，形成了健全的体系。回顾公益品牌建设的过程，有这样三个关键点：

首先，她是品牌建设的目的。

品牌做到最后，就是履行社会责任。起初，企业通过提供自己的产品和服务满足消费需求，为社会提供价值和财富，带动经济发展。随着企业实力的不断强大，社会责任便越来越大。因此，太阳雨发展到今天，我们有意愿，也有能力去践行社会责任，不仅是创造利润，更要用自己的能量去帮助尽可能多的人，为社会贡献一份温暖和力量。只有这样的定位，才能构建一个真正有实力、有责任、有灵魂的品牌，才能把品牌做大，如果仅仅停留在对利润的追逐上，品牌是做不大的。

其次，她是品牌建设的手段。

品牌建设的不同层面都有对应的做法，在品牌知名度有一定基础之后，美誉度和忠诚度就需要靠更高层次的品牌建设手段来实现，公益便是这样一种方式。企业参与公益的出发点应当不是功利性地获得消费者的认可，而是真诚地贡献自己的力量，只要是真诚的举动自然会被感知到。

2008年汶川地震，王老吉为地震灾区捐出了高达1亿元的善款，一时间"王老吉"成为网络上各大论坛里最火热的名词，更是掀起了买王老吉的热潮。透过这个事例可以看出，企业参与公益的真诚举动能够打动消费者，形成感染力和号召力。

消费者在进行购买选择的时候，除了关注质量和价格外，品牌意识也不断增强。消费者到我们的专卖店去购买太阳能热水器，会看到太阳雨公益慈善基金一系列的活动，内心会产生对太阳雨品牌的认可和尊重，这是最关键的。

最后，她是品牌的基因。

之所以说公益是太阳雨品牌独有的基因，还要从太阳雨公益慈善基金的申请说起。能够获得审批的一个重要原因是我们企业的名字就叫"太阳雨"，不太像企业的名字，初听的人都自然而然将其和公益联系在一起，它本身就有公益的属性在里面，这是别的品牌所没有的，自然也成了太阳雨品牌基因的重要因素。

除了在品牌名称上与生俱来的属性外，公益之所以能成为太阳雨品牌的基因，还有这样两个重要的因素：其一，太阳能光热利用行业本身就是在践行环保公益，每使用一平方米太阳能相当于为地球种了三棵树，是一个惠及环境和社会可持续发展的产业，和公益也自然有密切的关联。一个高污染型的重工业企业再如何努力做公益，也难以让人信服。其二，投身公益事业与太阳雨一直以来亲和、人性化的品牌调性相一致，也是诚信、责任、感恩的企业文化的自然延伸。在探索和参与各种慈善活动的过程中，品牌DNA不断明晰和坚固。

因此，公益既是目的，又是手段，还是整个品牌的基因，透过公益品牌的建设，形成了太阳雨温暖关爱的品牌DNA。这是太阳雨区别行业其他品牌的独有特性，也是最核心的品牌文化灵魂。所以接下来我们会继续通过太阳雨公益慈善基金去帮助更多需要帮助的人，承担起更多的社会责任，巩固和延续太阳雨的品牌基因。

让品牌有一颗虔诚的心

《明朝那些事儿》一书曾名噪一时,之后作者"当年明月"渐渐消失在人们的视线中。他的近况如何?不得而知。也许"当年明月"还是当年的"明月",就像他曾经说过的那样:"如果有一个人说你很厉害、很棒,你会很高兴;如果有两个人说,你还会很高兴;但是如果有三个人说了,你可能会怀疑,我没什么呀,这三个人是不是合起伙来整我呢?当有1000个人说,你就会深信不疑。而人往往就是在这时候变成傻子、变愚蠢的。这个问题的严重性在哪儿?不在于你飘起来,而在于如果飘起来,你总有一天要落地的。所以,不要太把自己当回事。"

我很欣赏这个观点。确实,"不要太把自己当回事",做人如此,做品牌亦然。

2010年4月,我收到了市场一线业务人员的一封信,这位在太阳雨工作了三年的同事言辞恳切地表达了自己的一点切身感受:太阳雨品牌不断发展,而市场一线业务人员与企业内部的沟通却越来越不通畅,与支持部门打交道愈来愈难,程序愈来愈复杂,反应速度愈来愈慢。这封信给了我们管理层一个相当大的警示:大企业病在太阳雨露出了苗头。

从1999年到2009年仅仅10年时间,太阳雨从一个名不见经传的区域品牌发展成为中国太阳能光热产业的领导者,一线业务人员从不足百人发展到上千人。2009年我们推出城乡联动促销模式，创新了太阳能热水器市场的渠道模式，太阳雨的销售额不断走高，2010年上半年的销售额与2009年全年的销售额持平。2009年、2010年，太阳雨连续两年以上亿元中标央视广告黄金时段；2008年太阳雨成立残奥助威团，为弘扬奥运精神贡献自己的力量；2009年出资上千万成立太阳雨公益慈善基金，履行企业社会责任；2010年携手上海世博会生命阳光馆，倡导环保、低碳理念，关注人类社会的未来。无论是在销售数字、品牌认知，还是在社会责任方面，太阳雨已经名副其实地成为中国太阳能光热行业最引人注目的品牌之一。

《红楼梦》里有一句话，说贾府"大有大的难处"。随着企业快速发展，实力不断增强，员工很容易产生优越感，致使沟通成本上升，运营效率下降，继而引发大企业病，影响企业的可持续发展。

曾经创造过世界汽车行业速成神话的韩国大宇，一度使企业界滋生了"大马不死"的心理，认为企业规模越大，越能立于不败之地。大宇无限制地进行"章鱼足式"扩张，最终资不抵债，于2000年11月8日宣布破产，其汽车业务为美国通用汽车购买。美国通用电气也曾经是大企业病的典型患者。20世纪80年代，通用电气发展成为业务范围遍及全球140多个国家和地区、雇员多达40万人的"经济恐龙"。随着业务扩张，销售额大幅增长，通用电气投资收益率却在下降。杰克·韦尔奇察觉到企业对市场的反应速度滞后于市场变化的速度，在财务状况良好的情况下主动进行重构。通过根除官僚主义、精简机构和激励员工，通用电气的市场价值从原来的120亿美元飙升至如今超过4000多亿美元，是举世公认的管理最优秀和最受推崇的公司之一。杰克·韦尔奇要求员工以开杂货店的心态对待自己的工作，而杂货店的最大特色便是顾客第一，没有架子。

同样是大企业病，一个走向了灭亡，一个创造了奇迹。二者的区别在于：太把自己当回事而疯狂扩张导致大宇破产，而以杂货店心态进行管理，让通用电气精干、灵活，赢得了更强的竞争力。所以我对"当年明月"那段话的理解是：当别人都不把你当回事的时候，自己要把自己当回事；当别人都把你当回事的时候，不要太把自己当回事。

如今，在太阳能光热行业，无论是我们的经销商、供应商、客户还是竞争对手都太把太阳雨当回事了，现在我们恰恰要冷静，需要反思我们是不是离市场更近，离消费者的真正需求更近。针对市场一线人员反映的问题，我们在组织内部进行反思与调整，强调"不要太把自己当回事"：坚持把大品牌当小品牌做，突出忧患意识，重拾危机感；在市场上，提醒业务员不要自我膨胀，要将小经销商当成大经销商对待，鼓励经销商将小型促销活动当成大型促销活动来操作；针对内部技术、服务支持系统，坚持以市场为导向，杜绝本位主义，增强服务意识，以一线业务人员的口碑考核内勤的工作。

"天使之所以会飞，是因为他把自己看得很轻。"这是我很喜欢的一句话，套用在太阳雨身上，无论它发展到多大的规模，我们都要足够清醒，太阳雨品牌才能可持续发展。歌德说："虔诚不是目的，而是手段，是通过灵魂的最纯洁的宁静达到最高修养的手段。"虔诚地对待消费者、经销商、市场、员工，就是虔诚地对待太阳雨品牌，而一个品牌之所以强大，在于它的修养，在于它赢得了人们的尊重。

渠道网络的变革之道

在前不久举办的主题为"改革开新局——企业家精神与中国未来"的中国企业家年会上,著名经济学家张维迎演讲的题目是《既得利益者是否能变成改革者》,从社会发展、历史变革的角度深入浅出地剖析了既得利益者可能成为改革者的因素,概括起来有三个:理念引导、利益驱动和规避革命。

张维迎教授的讲话对企业发展有很大的借鉴意义,给了我很大的启发。太阳雨凭借连续多年的高速增长,赢得了资本市场信赖,成为一家上市公司,可以说是步入了企业成长的"既得利益者"阶段。这是一个里程碑,也是新阶段的开启。在2013年经销商年会上,我提出了新一年的愿景是"新格局、新期待、新增长",也就是要积极主动地革新自身。企业经营的不仅是产品、技术、管理等"内部性"资产,还包括营销体系下的网络和团队等"外部性"资产,即通过完善的渠道网络把商品售卖给消费者,后者在营销为王的时代发挥着愈加重要的作用。

1998年吴长江创立雷士照明,经过数年迅速发展成为照明行业内的领军企业。雷士凭借的不仅是过硬的产品和技术,不容忽视的还有它的渠道。吴长江深谙经销商队伍是靠"义"和"利"维系起来的,而不是靠强制的行政指令和销售目标的约束,有了"义"和"利",才能把企业和经销商牢牢地绑在一起。渠道作为太阳雨的竞争优势之一，在不断变换的竞争格局中，革新势在必行。

理念引导

大卫·休谟在 200 多年前讲过，尽管人是由利益支配的，但是人类本身以及所有的事物是由观念支配的。纵观历史，许多伟大的变革都是由观念变革引起的。太阳雨渠道的升级发展也首先从理念的更新开始，它决定渠道未来成长的方向。2009 年，太阳雨提出"事业共同体、价值共同体、生命共同体"的理念，与经销商同梦想、共呼吸，形成紧密的生命共同体。2010 年，太阳雨系统地提出公司化运营理念，引导经销商跳出个体经营的小格局，以公司化的思路来运营。这样的理念得到了经销商认可，很多经销商积极响应并落实到当地市场的操作中，涌现了一批出色的千万级经销商。

今年我们着重对太阳雨的千万级经销商进行深度的实地走访和交流，不难发现，接纳新的理念是经销商蜕变和成功的先决因素，抛弃原有的个体经营观念，积极接纳公司化运营的理念，并运用到所辖区域分销网络的管理中，不仅带来销量提升，也储备了永续发展的实力基石。

利益驱动

《水浒传》中晁盖曾对兄弟们立誓："大碗喝酒，大块吃肉，大秤分金银。"虽不及宋江"除暴安良，替天行道"的境界高，但也酣畅淋漓、大快人心，应了梁山好汉对"利"的需求。利益是维系企业和经销商合作关系的纽带，渠道网络的发展需要利益的不断滋养，没有利益的长足动力，任何渠道发展的口号都是毫无意义的。

在对经销商的协助上，在央视投放广告奠定了太阳雨在各区域品牌影响力的坚实基础；在常态化的广告宣传和活动推广中，太阳雨为经销商提供方案和资金方面的大力支持；在人力上，太阳雨分布在渠道网络中的业务人员全力协助经销商管理专卖店、开展促销活动和安装服务等。同时，每年的经销商半年会及年会，太阳雨通过各种方式对优秀的经销商给予激励，根据市场表现授予荣誉奖项、物质奖励和提供各种学习深造的机会。同时，随着太阳雨渠道的不断壮大，对经销商的股权激励提上了日程。

太阳雨带给经销商的不仅是经营获得的利润，更有观念和能力的提升。从单纯利益驱动的个体户到体系化运作的经营者，经销商在这一过程中逐渐体会到了自身的成长和责任的担当。

规避革命

改革不同于革命，前者是与时俱进的自主革新，后者则是强硬、被动的裂变。渠道网络的发展必须以整体的稳定为前提，及时灵敏地发现需要改进的经销商，进行局部微调，避免大范围的动荡"革命"。

太阳雨对渠道网络的管理采取"先帮扶，后优化"的思路，对经营存在问题的经销商首先是帮扶，协助他们发现并解决问题，调整不成功的再考虑优化。在优化的过程中，实施"1+1"策略，先培养符合条件的意向合作伙伴作为渠道储备力量，能够及时弥补换经销商的空白期，维持渠道的稳定性。通过这样的方式和策略，主动对渠道进行诊断和改革，规避大量问题出现时的革命式动荡。

渠道网络作为太阳雨营销体系的"地网"，与市场的关系最为紧密，在企业步入新的发展阶段时，必将进行与时俱进的革新。

渠道选择的三力模型

是结婚,还是约会?这是摆在恋爱之中男女面前很难回避的问题。"不以婚姻为目的的恋爱都是耍流氓。"结婚是情感经营的长期契约,而约会是生理主导的短期冲动,这种选择不仅存在于爱情中,在一切互动的关系中同样适用。几年前,当这句话出现在我们的招商海报上时,很多人眼前一亮。约会还是结婚,生动地诠释了经销商和我们太阳雨的合作关系。

在渠道选择上,太阳雨一直坚持"永久经销商"的理念,也就是要和经销商"结婚",而不是一时的"约会"。与经销商合作的达成不是一锤子买卖,而是要建设长久耕耘的互利共赢关系,在这样稳定的前提下,双方才能摸索出渐入佳境的合作模式。渠道好比一个人的血液,需要适时更新,但常态不是频繁换血,而是要通过内在养分的传递和吸收,让渠道生生不息。

合作关系的确定首先要在理念上达成一致,我们通过这样一则广告引发有意向的客户思考双方未来的合作模式。在双方确定"婚姻"这种长久的模式之后,相互的选择就更加慎重,一方面,要让有意向的客户感知到选择太阳雨是对的,并且要有强烈的加盟意愿;另一方面,我们在准经销商的选择上也有一套严格的标准。

如何让有意向的客户选择太阳雨呢?在必备的产品、服务和品牌等竞争优势的前提下,招商氛围的营造是相当关键的。举一个简单的例子，在繁华的商业街时常有发放传单的人，行人走过来时，将传单递过去，多数人拿到后看也不看直接扔掉，有的瞄几眼，兴趣也不大，还有的直接摆手拒绝。为什么呢？这种过于主动和廉价的推销方式只会让自己的身价大打折扣，顾客很难珍惜唾手可得的东西；相反，如果要获得一张优惠券或者一张会员卡，要先付出一定的成本，比如累计消费或者花钱购买，顾客反而会珍惜获得优惠的机会，并追加消费，充分使用优惠的权利。

因此在招商的时候，不可以一味单向地推销自己，而是要激发对方合作的意愿。在恋爱中也是一样，如果一方苦苦求着对方和自己建立恋人关系，只会让对方毫无兴趣，同时也显得自己毫无价值。所以只有充分展示自己独有的优势，并且让对方感受到你是很抢手的，自然就吸引了对方。一个真实的例子是，我们一个分部在选择工程商时，创新性地采用公开竞拍的方式，有意向的客户纷纷展示自己的优势，现场氛围相当火爆，最终我们筛选出有精力、有能力、有实力的合作伙伴。

这三个"力"就是我们选择经销商时考量的标准，即渠道选择三力模型：

首先是精力。彭端淑在《为学》篇中说：天下事有难易乎？为之，则难者亦易矣；不为，则易者亦难矣。精力是做好一件事情的前提，没有精力去做，再多的能力和实力都发挥不出应有的价值。一个好的企业最缺乏的是操盘手，一个店面也是，如果不是老板在整体操盘，只是找到人手，保持店里有人的状态，而不花费精力考虑如何做好业务，这样的店只是形同摆设。

其次是能力。经销商的能力是维持双方良好合作关系的核心。经营的能力包括很多方面。比如，在店面形象上，是否能够按照统一的标准建设，店内是否整洁，产品和物料的摆放、张贴是否到位,这些是树立终端形象、赢得顾客好感的重要前提。在人员方面,要对导购员进行专业的培训和管理,让他们将产品的卖点充分地展示给顾客。在活动开展上,要能够和企业的脉搏保持一致,不论是"一年一大事"的营销策略还是"五一""十一"等重要节日,都能有效地开展对应的终端促销活动。最终这些能力综合起来,才能达到抢占当地市场份额的目的。

最后是实力。精力和能力具备了,实力就会起到如虎添翼的作用。充裕的流动资金,能够对公司的政策快速反应,抢占市场先机;较强的资源整合能力,不仅能够拉动零售业务,还能挖掘当地的工程项目。资源整合能力也充分体现在促销活动的开展上,比如2012年"寻找最美乡村教师"终端促销活动的开展,就需要经销商有良好的资源整合能力,与当地学校和教育局建立合作关系,更好地开展活动,以过硬的传播能力,树立品牌在当地的口碑和影响力……太阳雨的经销商中有很多杰出的千万元级大商户,他们无疑是精力、能力和实力兼具的典范。

三力模型是渠道选择的重要标准,而落实和考证这些标准是招商工作的重中之重。毛主席曾说过,没有调查研究就没有发言权。考察一个经销商是否具有这三个力,我们必须走入市场,沉到终端,用双脚去走访众多有意向的客户,通过交谈和了解,发现和寻找能够在当地代表品牌的优秀经销商,建立长久的合作关系,齐心合力,互利共赢。

"十化"运营 赢在终端

2012年"五一"促销之战盆满钵满地结束了,但在收获成果的同时,也暴露出问题。我和内部人员走访市场时,发现核心市场的业绩往往好于潜力空间巨大的增长市场和种子市场。为什么呢?归结为一点就是这些市场的终端没有活化,有的甚至死气沉沉。终端的运作与公司拟定的营销战略严重脱离,失去了生命力。

品牌的活化是通过终端的活化实现的。那么如何活化终端呢?经销商在其中起到至关重要的作用,经销商在市场终端代表的就是企业,向消费者传达产品、服务、文化等全方位的企业形象和市场动向,很大程度上决定了企业在市场上的表现。只有经销商保持鲜活持久的生命力,企业才有持续成长的动力。

自然界中,生命力最顽强的植物叫地衣,在极端的高低温和真空环境中都能生存。经过研究发现,原来地衣不是一种单纯的植物,而是真菌和藻类两类植物的"合体"。真菌吸收水分和无机物,而藻类含有叶绿素,以真菌吸收的水分、无机物和二氧化碳作原料,配合光合作用,制成养料,与真菌共同享用。这种紧密的合作,就是地衣具有如此顽强生命力的秘密。

如果把太阳雨比作地衣,经销商就是真菌,吸收着市场最新鲜的养分;企业是藻类,集合渠道网络各个经销商吸收的养分,配合品牌策略和市场活动进行"光合作用",从而壮大品牌力,和经销商同步成长。对此，我们提出了经销商的"十化"运营法则。

店面形象化。店面是一个品牌在终端的脸面，不仅体现在店铺的装修上，更体现在标准化的服务上，好的店面形象和服务能够让顾客感受到自己是被尊重的，在心理上产生认可和信任，继而愿意购买。顾客为什么离开我们？一项数据显示，45%的顾客离开是因为"服务"，20%是因为没有人关心他们，15%是因为他们发现了更低的价格，15%是因为他们发现了更好的产品，5%是其他原因。好的店面门头是品牌的名片，专业的服务则是品牌内在的魅力。

经营专一化。经销商运营，坚持太阳雨品牌专营的原则不动摇，严禁混业、混品牌经营，确保品牌基因在市场上的纯粹性。经营混乱导致经营精力分散，直接影响品牌的终端形象。经营专一化是企业与经销商相互维系、信任的合作基础，你对我一心一意我便对你忠心耿耿。

队伍规模化。经销商内部要实行公司化运营，要有独立完善的队伍体系。不能只靠企业的业务人员帮助他们建渠道、做活动，自己要有足够多的运营人员。否则，长此以往会养懒经销商，市场将处于极度被动的状态。不能仅仅授之以鱼，还要授之以渔。处处都要靠企业的人，没有企业的人市场发展就停滞不前，这是市场运作的大忌。

渠道精细化。渠道建设坚持精细化、扁平化，要构建以县级区划为单位的一级经销商队伍和以乡镇集市为单位的二级经销商队伍；在二级渠道推行"1+N金网络"工程。"1+N金网络"是太阳能市场进一步细分的大趋势下，针对乡、镇分销网络覆盖率低的现状，为解决产品快速、准确到达消费终端，提高与消费者的见面率而做的覆盖渠道盲点的工程，是太阳能市场渠道发展的必然选择。

管理标准化。终端标准化管理包括店面、活动、招商、人员配置等。通过系统的管理约束经销商，强化合作意识，实现良性互动。没有要求，就会滋生惰性。没有规矩，不成方圆，市场上标准和原则的缺失就缘于规矩的缺失。

支持互换化。区域市场经营是由企业和经销商共同维系的，支持互换化才能把事情做成，才能最大化利用资源。假如我们出一半费用，经销商出一半费用，双方共同投入，效应就比原来大一倍。对经销商的支持要以经销商的投入为前提，让经销商自主经营，而不能纯粹靠企业免费支持。

区域简单化。经销商负责区域的划分要坚持简单化、清晰化的原则，一个一级经销商负责一个县，或者一个市区，杜绝交叉经营。这样做的目的是确保经销商针对单个区域市场制定经营策略，防止市场混乱，提高区域市场的效率。

思想统一化。一支有战斗力的部队必须做到思想统一、行动一致。营销体系中每个区域的经销商、业务人员都要紧密围绕企业的思想，有效地贯彻执行，形成合力，这样才能将企业的市场策略发挥到最大效应。

活动常态化。"生命在于运动，太阳能在于活动"，活动是一个品牌保持活力的根本。经销商开展活动要坚持常做、常鲜、常新，不论活动规模大小，都要在前期预热、现场布置、活动追踪等流程的规划上按照大活动的标准做，长期坚持高标准，活动的开展便会更加顺畅和高效。

达不成优化。与经销商的沟通与合作，我们坚持上述运营策略，如果步调不协调，首先与经销商沟通，要求其整改，维护永久经销商的合作模式。如果通过引导仍不能统一到公司的整体部署上,则"不换思路换脑袋",对其进行优化。

　　《劝学》说:君子性非异也,善假于物也。在太阳能产品同质化突出的大背景下,充分发挥经销商在市场上的作用和优势,通过"十化运营",赢在终端。

"Less is more"的营销法则

有这样一个有趣的案例：两个果酱摊，一个有6种口味，一个有24种。24种口味的摊档吸引了更多顾客，但销售额却远低于6种口味的摊档。试验证明选择过多隐含着机会成本提高的风险，客户会更容易忧虑错误选择带来的后果。当不知道怎么选的时候，他们可能就会放弃选择。繁杂的生产线对企业来说是一种庞大的成本，而产品种类过多对顾客来说也意味着选择成本的负累。苹果只有一款手机iPhone，在保持核心特性稳定的前提下升级新产品；王老吉，一款产品打天下，造就中国饮料的传奇。"Less is more"的理念在专注、极致的互联时代下愈发彰显了其独特的价值。拴牛绳太长往往只会把自己困住，浪费的不仅仅是更长的绳子，也制造了意想不到的麻烦。我们渐渐发现，在淘汰和检验后往往保留的是最经济的做法：最小的成本，创造最多的价值。如果从经营角度来讲，事物运行背后潜藏的规则便是最优的经营模式。

自然界的生存法则是物竞天择，适者生存，强壮的物种集中掌控有限的生存资源，淘汰弱小的物种，最终在自然界实现了最优的资源分配。商界也是如此，一个行业成熟的标志之一就是通过竞争形成强有力的领导品牌，相比品牌参差繁多的格局，创造了更高的效率。强势品牌是对经济资源优化经营的产物，也是经营消费者心智的产物。哈佛大学心理学博士米勒研究表明，顾客心智中最多只能为每个品类留下七个品牌空间,而特劳特进一步发现了"二元法则",指的是在一个成熟而稳定的市场中,消费者的心智空间往往只能容纳两个品牌,比如可乐市场的可口可乐与百事可乐,高端汽车的奔驰与宝马等。果酱的案例则反映了品牌自身的营销中,产品线的管理与顾客心智的引导同样需要遵循最优经营的法则。

从经营的角度解读品牌营销,便是要以最优的投入产出模式来经营企业的营销资源,摒弃无价值的成本,精准地投入,从而取得以点带面的效益。首先,在品牌认知营销层面,品牌的命名是第一道关口。"太阳雨"三个字可以说是太阳能热水器最天然的代名词,曾经有这样一个真实误会:一位顾客购买了其他品牌的太阳能热水器,然后告诉朋友自己买了一台太阳雨。在他心目中,太阳雨就意味着太阳能。正如,很多人把吉普品牌和吉普车混淆一样。一个好的品牌名字在认知的第一道关口上就占据了优势。品牌认知的经营法则是简单、直接,如膝跳反应般自然,这样顾客对品牌的解读成本才能达到最低。

在品牌的传播上,越是聚焦简单的点,越有力量。太阳雨起初在央视的天气预报标版的广告,就采用了简洁清晰的创新思维,那个时候的标版广告大都是千篇一律的工厂俯瞰图以及产品图片,对顾客的吸引度十分微弱。而太阳雨选择了一张阳光下雨润自然的画面,用清新的图像方式诠释了太阳雨品牌独特的意境,从其他广告中脱颖而出,形成了独特的印象点。表面看来,同样的几秒钟,传统的方式充分地利用了投入成本,展示了产品、工厂的设备实力等等很多信息,而结果却造成了无效传播的浪费。抓住品牌最具特性的东西,将独有的印象点做到极致,才能强化品牌认知,从而在顾客心中扎根。

产品营销层面同样不是越多越好,产品选择数量的爆炸性增长并没有更好地满足消费者的需求，同质化让他们的选购变得更加困难。品牌想要从中跳出来，便要引导顾客简化他们的选择过程。太阳能热水器产品的卖点参差繁杂，而太阳雨通过"保热墙"这一 USP 让顾客从众多卖点的选择中找到"保热"这一需求，从而迅速做出决定。品牌新业务的延伸上，也要遵循经营的法则。霸王从洗发水到凉茶的大跨度延伸最终导致了多元恶化的结果，失败的背后是违背了心智经营的法则，以霸王的品牌基础做凉茶，势必要投入大量的营销成本来劝说顾客接受一个做洗发水很有名气的品牌同样可以做出一罐好的凉茶，强大的认知扭转成本远大于建立一个全新的品牌来进入凉茶市场。因此，品牌延伸要以核心优势为支点，做谨慎的拓展。太阳雨的业务延伸，围绕环保清洁的阳光生活理念展开，从太阳能到空气能，专注提供清洁能源的热水生活，在这个过程中，我们发现太阳能热水器的用户，在环保节能的需求之外，对热水使用体验中的水质要求愈发强烈，因此以净水机的业务来满足洁净水质的需求，最终系统地提供一站式的节能、洁净的生活用水价值链。

大而全的结果往往是优势的涣散和庞大的营销成本，简化既是在竞争中锁定优势和突出重围的利器，更是一种独具力量的经营思维。

营销机制的痛点

前不久,我在中层干部会议上分享了这样一则故事:联合利华引进了一条香皂包装生产线,结果发现这条生产线有一个缺陷——常常会有空的肥皂盒子。于是他们请来一位学自动化的博士后设计一个方案来分拣空的香皂盒。博士后组织了一个十几人的科研攻关小组,综合采用了机械、微电子、自动化、X射线探测等技术,花了几十万元,成功解决了问题。每当生产线上有空香皂盒通过,两旁的探测器会检测到,并且驱动一只机械手把空皂盒推走。中国有个乡镇企业也买了同样的生产线,老板发现这个问题后找来一个员工解决问题,员工很快想出了一个奇特的办法:花90块钱买了一台大功率电风扇,在生产线旁边猛吹,于是空皂盒都被吹走了。

故事的真实性且不做判断,面对同样的问题,联合利华和乡镇企业采用了完全不同的方法,一个高科技、高投入,另一个简单、粗糙,却同样有效。这个故事对我们在企业机制的探索中很有启发意义。管理机制本质上是管理系统的内在联系、功能及运行原理,是决定管理功效的核心。通常我们按照常规的方式,投入很大的成本解决所遇到的问题,但实际上,在思维定式的前提下,我们往往忽略了重新思考问题的根源。而当下,互联网思维所倡导的痛点思维,就是指发现问题的核心,并针对性地破解。面对肥皂流水线的难题,乡镇企业的做法就是抓住了空肥皂盒质量小这一物理属性的

◎营销机制的痛点◎

"痛点",用简单的方法解决了难题。

在企业管理中,成功的机制设计则是要以人的社会属性,也就是人性为出发点,通过深入了解人们行为背后的规律,顺应并制定巧妙的机制,以此撬动矛盾的支点。传统的管理方法往往忽略人们行为背后的原理,而是采用强迫式、模式化的措施,这样即使大力度的投入也收效甚微,而抓住核心痛点,问题便迎刃而解。"二战"初期,美国空军降落伞合格率为99.9%,每一千个降落伞就有一起事故发生,军方要求必须达到100%的合格率,后来改变检查质量的机制,从降落伞中随机挑出一个,让厂商负责人亲自从飞机上跳下来,实行这个方法之后不合格率很快降为零。奇迹般的改变正是因为抓住了人性中对自身生命绝对重视的"痛点"。

机制无处不在,有效的机制毫无例外都是建立在对组织行为的透彻了解和把控基础之上的。经济学的发展过程经历了对个体经济行为的不断探索和演进,传统经济学的基础是假定每个个体都是"经济人",即人具有完全的理性,可以做出让自己利益最大化的选择。随着对个体经济行为现象的研究,出现了行为经济学派,其核心的前景理论认为人是非理性的,并在不同的风险预期条件下,人们的非理性行为倾向是可以预测的。行为经济学在消费者心理研究、市场营销等领域逐渐受到重视,并被广泛应用在市场营销机制的创新设计中。

以产品定价为例,行为定价理论有一个典型的案例:在一个面包机的连锁店里,279美元的面包机一直销量平平,后来商店新增一种大型号的面包机,售价429美元。结果429美元的型号滞销得一塌糊涂,而279美元的型号销量差不多翻了一倍。为什么一个几乎没有销量的新型号能够给原来的机器带来翻倍的销量呢?原来,仅有279美元的面包机时就有顾客想要购买,但是279美元的价格让他们望而却步，而新增429美元的型号后，279美元的机器看上去就不再那么昂贵了。消费者就可以给自己一个理由：这是一台有用的机器，429美元型号能做的事情它全能做，而且它的价格更便宜。新增另一个高价格的产品，尽管几乎没人会选它，却提高了消费者愿意为面包机支付的价格底线。这个案例证实了行为定价理论的重要见解之一：消费者行为中的参照依赖特征可以使不卖的东西影响正在卖的东西。因此在产品线的组合机制中，不同价位、不同功能的产品组合戏法会产生完全不同的销量结果，并且在针对性地应对竞争对手的产品策略时有着重要的意义。

企业营销举措的辐射与执行，渠道政策的贯彻与落实，消费需求的挖掘与达成，都需要微妙的机制来确保有效运转，而机制的生命力便在于不断探索个人及组织行为背后的源动力，并不断创新。

棋行营销

掼蛋是一种源于淮安的扑克游戏，在江苏地区非常受欢迎，朋友聚会往往少不了它。掼蛋最大的特点在于牌际组合间的变数，有人总结了掼蛋的黄金法则：牌要整，出得顺；火要猛，出得狠；牌要活，随机滚。各种打法的攻略也有很多。棋牌类游戏的魅力在于牌法和思路的切磋，每一局都未知，充满挑战性。娱乐之余，渐渐体味出许多品牌营销与棋牌的共通之处。

打好一副牌，摸到怎样的牌很重要，如何打牌更重要，而自己就是这副牌的设计者和操作者。打牌往往有这样三种情况：一是手气很棒，摸到一副非常厉害的好牌，不费吹灰之力就能打赢对方，畅快之余却缺乏些思考的曲折和成就感。第二种是摸到很差的牌，没有一点控制力和翻牌的可能性，无论怎样精心布局都无济于事。而真正好玩的牌是第三种，我称之为"有机会的牌"，可以通过组合和设计变成一副好牌，并且能够根据对手的出牌做出灵活的变化，最终获胜。玩家就是一副牌的操盘手，如同营销一个品牌，一个资质太好的企业没有挑战性，太差的毫无竞争力，而选择进入一个有前景的行业和有成长性的品牌，通过系统的营销运作成为王牌，才是最有意思的竞赛。

2007年，我来到太阳雨，面对众多品牌林立和爆发式增长的行业大环境，太阳雨虽然不是名列前茅的品牌，但却有着足够的实力基础突破重围，是一副非常有机会的牌。于是我制定了详细的营销体系规划书，从外部市场运作到内部组织建设，确立了系统的品牌发展策略和战术，对于未来所要达成的目标了然于胸。天网铸就品牌，地网铺设渠道，人网打造组织，三张网分别有对应的策略，分配相应的资源，并且做好相互之间的协调和渗透。全国31个分部，各区域市场的运作又是不同的牌局，作为操盘手必须具备的核心能力就是辨清自己市场的机遇和打法，所以我要求每一个操盘手都要制定自己区域的发展规划，打好自己地盘的这副牌，正如掼蛋手中的27张牌，单牌、对牌、炸弹、同花顺等要充分调配和协作，而不是固守策略，用死板的配牌守株待兔，完善的策略规划加上实时的动态应对才是取胜之道。

从第一年提出销量翻番时大家的诧异，到连续几年的翻倍增长，在静态计划、常态管理和动态变化的协调运作中，实现了起初营销体系规划的目标。7年的时间，太阳雨成为太阳能行业的第一品牌。每一个阶段的行业洗牌，都需要根据新的牌局确立新的目标，并动态地调整打法。在今天，大光热战略开启了太阳雨集团品牌的多元化和全球化，为此太阳雨规划了"12345"的架构，"1"即坚持打造太阳雨一个品牌，2014年，太阳雨开启与西甲的战略合作，借势体育营销为品牌的国际化助力；"2"是专注两类产品：太阳能和净水机相互滋养，实现核心再造和再造核心；"3"指三大市场，零售市场、城市市场、新型城镇化市场的协同增长；"4"是工程、零售、批发、O2O四大模式；"5"指干部年轻化、厂商一体化、分权制度化、企业平台化、全员创客化五项措施逐次开展。全新的局面，全新的目标，太阳雨新的征程必将是更加精彩的王牌之路。

内部的营销大会是太阳雨每年营销工作的重点之一，同样也是一场大手笔的牌局。在 2014 年第三季度的营销会议上,优酷网的代表来到现场—同开启太阳雨和优酷的战略合作,会议环节播放了一则视频,真实记录了营销人员在市场中的奔波,一点点克服困难打开局面,长期出差在外的工作模式下,对家的思念和短暂幸福的相聚,让在场的很多人潸然泪下。优酷网主动提出上传到网站,让更多人了解真实营销人的热血与温情,私下里谈起,他们对太阳雨特色的大型会议感到非常震撼。一场声色并茂的会议离不开系统的规划,首要的是确定会议主题。主题是会议核心精神的浓缩,内容架构上分为三个篇章:讲授篇、视频篇、互动篇。三个篇章互相配合,全方位地展现品牌、太阳能业务、净水机业务、电商板块四个大部分,并以此补充相关的细节,这样,一场会议就饱满生动了起来。

  棋牌的趣味里蕴含丰富的智慧,营销如同一场棋局,既要有胸有成竹的笃定,又要有审时度势的眼界。棋行营销,战略的清晰,战术的缜密,战场的拼搏,三者缺一不可。

生态营销

2014年，在乌镇举办的首届世界互联网大会上，马云和雷军有一段有趣的探讨，在雷军畅想未来十年手机发展的前景后，马云说道："空气是不行的，水是不行的，手机再好又有什么用呢？"这样的提问引发了大家的讨论，也让我想起了之前在微博曾热转的段子：一网友称自己的一位美国朋友，在中国坚持了大半年的晨跑，结果得了肺癌去世。如此戏剧化的事件且不谈是否真实，但是随着近两年雾霾等环境问题的恶化，公众愈发感受到环境与生活的利害关联，参与探讨环境问题的浪潮逐渐热烈。迈克尔·桑德尔曾提出商业的根本意义在于促进公共之善，生态保护在经济社会中的价值逐渐凸显，生态营销的理念也被更多企业所认同和实践。

对这件事情的思考让我回忆起2012年3月，我应邀参加在孟加拉国举行的世界营销峰会（WMS），主题是"营销如何让世界更美好"（Better World through Marketing）。这是一个引人深思的课题。自2010年菲利普·科特勒提出"营销3.0"时代，营销的核心诉求从产品到顾客，再过渡到人文精神，更加丰富了营销对世界的理解和价值。身处3.0时代的企业，不仅要修炼市场竞争中的章法，更要重视顾客群体需求的演进：从自身需求到构建普世价值观，关注所共同生活的世界，这便要求企业承担更多的社会责任，如保护环境、消除贫困等。因此，一定程度上，这次大会的主题也是营销

3.0时代核心价值观的体现。

峰会上,我与来自世界各地的营销专家和嘉宾分享了"太阳雨生态营销之路"的课题,生态营销是一种社会的进步,是在可持续发展思想引领下的市场营销观念的新发展,也是企业在新时代下市场竞争的一种策略与手段。

生态是指一切生物的生存状态,以及它们之间和它们与环境之间环环相扣的关系。经济社会也是一个生态体系,里面的个体和组织都是存在的单位。生态理念的核心就是每一个个体和组织的存在能够为周边带来利益和价值。对企业而言,在市场环境中首要为顾客提供有价值的产品和服务,并且与相关的组织互利共赢,继而助推自然和社会环境的可持续发展。梳理太阳雨品牌生态营销之路的脉络,大致囊括了三个层面的渗透和蜕变。

首先,确定生态营销的核心主张。随着工业污染、交通污染等经济发展的负面效应日渐恶化,功利的科技让纯净的生活逐渐远去,而真正的文明科技应当是致力于人类更美好的生活,真正的企业应当贡献于美好生活的打造。如果以一个人的生命为线索,美好的生活是一条动态的线性发展过程,它的基础便是纯净的生存环境。正如前面提到的晨跑悲剧,好的空气是运动的先决要素。因此,太阳雨的生态营销聚焦美好生活的原点,通过利用太阳能、空气能等清洁能源提供零耗能的家庭热水,创新净化技术提供纯净健康的家庭饮水,这些是公众在时代呼声下不断高涨的共同诉求。太阳雨在今天的局面下,基于阳光、空气、水三大自然元素的利用,追溯生命原点,专注于纯净生活科技,还原纯净的现代生活,是太阳雨生态营销的核心灵魂。

其次,围绕核心主张进行顶层战略的设计和实施,以价值为驱动,为顾客提供精益的服务,进而引领消费观念的变化。在市场层面，太阳雨以完整的产业链、先进的研发技术为驱动力，通过开发渠道网络和市场模式，为顾客提供有益于生态环境以及可持续发展的科技与产品；在公益领域，成立太阳雨公益慈善基金，以"生态公益"作为核心的旗帜之一，提炼出"关爱环境，关爱生命，以人为本，敬畏自然"四大生态公益准则，积极践行生态营销。

最后，生态营销需要企业建立适应自身的可持续生态营销模式。企业本身就是一个小微的生态体系，如同生物有机体一样，在实现企业自身的可持续运营的同时，与自然、社会环境相协调，融入宏观的可持续发展运转中。一是要充分调动自身的生态资源优势，在 2015 年我们巧妙利用"能"的一语双关，创造了挑战雾霾，挑战 PM2.5，太阳雨太阳"能"，太阳雨空气"能"的创意广告，引发了广泛的关注。二是通过生态理念激发顾客群体的参与感，共同关注社会热点话题，聚集太阳雨的粉丝群体，自主地传递品牌的生态理念。

太阳雨坚持让阳光改变生活，用绿色还原世界的使命，希望通过生态营销理念，呼吁更多的人与我们一起创造一个更美好的世界。

撬动组织内生力的三个支点

前不久一个 90 后职员离职，在与他的交流中，我感受颇多，不由得回忆起自己作为老一代海尔人起早贪黑的奋斗史，打地铺、节假日无休都是常事，时刻以"今天不努力工作，明天努力找工作"鞭策自己。而在当下很多年轻人眼里，艰苦日子是可耻的，起早贪黑是不被赞扬的。有个段子调侃说：70 后是工作狂，80 后拒绝加班，而 90 后拒绝上班。虽然不是绝对准确，但每个年代的人群的确有着自己鲜明的标签。随着 80、90 后渐成职场主力军，强压式的组织管理已明显不再适用，如何了解新生代的内在工作动机，挖掘其潜力，已成为当下企业管理必须重视的课题。

经济学中有一个词叫"内生力"，是指一个国家或地区经济发展的内部实力和主观能动性，不依靠外来技术而自我具备的发展能量，表现为自力更生、自主创新、自我发展等特质。对企业而言，内生力就是组织自我发动的能力，只有挖掘和打造每个成员的内生力，才能发挥团队的能量和热情，欢快地投入工作，实现价值的整合增值。在与他们沟通中，我总结出撬动组织内生力的三个支点。

通过分享会获得成长感

畅销书《成长比成功更重要》中讲述了很多优秀案例，成长是一个人不断自我完善的过程，是个体能真实感知的，但成功有太多不确定性，且没有确切标准，要让员工时时感受到成长是工作的重要动力。传统封闭的格子间、工厂模式创造不了价值，开放和互通才能实现创新和价值裂变，从而带来成长感。因此我们通过分享会的形式提供了交流新鲜资讯和灵感的平台，在头脑风暴中碰撞创意并转化为成果，这种轻松活泼的成长模式，深受年轻人喜爱。

譬如，在一次广告公司的提案中，对方提出很多超出预期的创意，交流后发现，他们内部也有定期的分享会，针对社会化营销、移动互联网等热点进行主题分享和头脑风暴，并有相关考核机制。这种形式让每个成员都迅速地获得成长，并碰撞出惊喜的集体成果。

通过微项目获得成就感

目标任务化，任务项目化。每个部门将工作分解为若干微项目，如自媒体运营、微商运作、公关活动等，这是做好分工的第一个步骤。第二个步骤是合工，传统的工作方式往往将任务逐层下放到个人，最后成了单个人负责一个重要项目，输出结果仅是个人的能力水平，这种方式严重影响工作的成果。而微项目根据每个项目的特性和需求指定牵头人，并按涉及的板块和内容选择不同类型的人组成，在不同的侧面集合智慧和建议，避免传统方式导致的结果输出单一、低效等弊端。微项目的核心是既要分工，更要合作。在激励层面，对微项目成果考核设立具有诱惑力的奖励，激发成员的动力，微项目通过分解全盘的成果，将相对独立的小成果分配给更多有操盘意向的个人，成就感扩大，也锻炼了组建项目、集体协作的能力。

通过群生活获得归属感

强烈的群体归属感能增强凝聚力和荣耀感，一个抱团的组织和一盘散沙式的团伙，能量无疑是天壤之别。企业作为正式组织是一种强连接，情感交流和凝聚力上有所不足，而非正式组织作为弱连接，因兴趣和爱好相聚，能带来新的观念和信息，在组织内生力建设中显得越发必要和重要。比如同样组织一场球赛，相比正式组织领导者班长与非正式组织领导者足球队长，后者有明显优越的号召力。太阳雨的足球爱好小队既带来了乐趣，也在运作西甲项目中提供了灵感，发挥了价值。根据足球、文艺、棋牌等不同爱好，组成不同类型的群生活，并相互交叉影响，从而增强团队的黏性。在社群经济下，这种群生活的模式赋予每个人组建社群的能力，为太阳雨品牌社群建设提供可实践的思路和方法。

互联网时代，辛辛苦苦失败、轻轻松松成功已不再稀奇，通过分享会、微项目、群生活撬动组织内生力，找到价值创造的定律，成功不再是密集强压式的工作，而是趣味横生的创造。

融入互联网　重仓年轻人

2014 年下半年股市一路高歌的欢喜繁荣仿佛还在耳边回荡，但 6 月 15 日从天而降的灾难一瞬间惊醒了整个中国，连续十几个交易日就像一场梦魇，把所有股民推向了万丈深渊，这次股灾无疑将是股市历史上难以抹去的动荡篇章。

最好的投资

在一片消沉而浮躁的舆论中，《中国崛起的经济学分析》的作者李晓鹏用平实而又理性的语调娓娓道来，并抛出一个简明的观点：股票市场不是年轻人应该去的地方，因为年轻人能够掌握的那一点点资金，根本不值得浪费时间去"理财"，其最需要"理"的"财"，其实是自己的知识和能力，最好的投资是投资自己。

文中的观点，无论是对个人自身价值的投资，还是对企业的发展投资，都是一种警醒。泡沫褪去，我们终将还是要回到这些最本质的思考上面：如何有把握地实现价值稳固性增长？个人如何投资自己？企业又该如何构建自己岿然不动的价值版图？

"小鲜肉"冲击波

多数人渴望从股市中实现财富的爆发性增长，职场的成长节奏和磨炼让很多人难以坚守,而猝不及防的更新换代,又不停地带来新的挑战和危机。"小鲜肉"这一网络热词从2014年开始出现并迅速广泛地应用在日常生活中,成为"长相俊俏、性格单纯的年轻一代"的代名词,然而他们中相当一部分不仅仅有颜值和令人艳羡的青春,还有诞生于这个时代下独树一帜的力量,不断冲击着老一代的观念和秩序。

当80后一代已悄然步入中年,90后小鲜肉也迎来了自己施展拳脚的黄金年龄,很多人不禁开始感叹自己成了"老人"。伴随太阳雨近几年来的校招大潮,小鲜肉的比例越来越高,他们有着饱满的热情和不羁的创意,为太阳雨团队持续补充新鲜的血液。

相比之下,不少老人开始显露弊端:思维陈旧、能力腐化、动力匮乏,甚至怀着投机的心态,开始算计着混日子。他们握住自己这只股票,期望可以继续升值,然而现实则是达摩克利斯之剑,随时可能从头顶降落,他们中的大多数把这种失落归咎为对年龄的无奈。

在解答他们的疑惑中,不少人会问我:"同样是70后的你,为什么会一直保持着自燃型的人格和时刻饱满的工作状态?"仔细想来,以下这篇文章也许是最好的答案。

《年轻》的启示

乌尔曼有一篇题为《年轻》的短文里面讲道:

没有人仅仅因为时光的流逝而变得衰老,只是随着理想的毁灭,人类才出现了老人。无论是60岁还是16岁,每个人都会被未来所吸引,都会对人生竞争中的欢乐怀着孩子般无穷无尽的渴望。在你我心灵的深处,同样有一个无线电台,只要它不停地从人群中、从无限的时空中接受美好、希望、欢欣、勇气和力量的信息，你我就永远年轻。

美国将军麦克阿瑟在整个太平洋战争过程中，办公桌上始终摆着一个精致的小镜框，里面镶置着《年轻》这篇文章的复印件。年轻是一种情怀，而不仅仅是年龄的标签。一个真正的年轻人，就是要保持内心的无线电台永远敏锐地捕捉时代的讯息，拥抱变化；而所谓的"老人"现象，是对知识更新的麻木与迟缓，失去了年轻人的热情和渴望，变得暮气沉沉。

正如罗素所说，"对爱情的渴望，对知识的追求，对人类苦难不可遏制的同情心，这三种纯洁却无比强烈的激情支配着我的一生。"对知识孜孜不倦的渴求，便是一个人保持年轻的重要源泉，也是投资自己最好的方式，而太阳雨未来的发展必须通过重仓这样的年轻人，才能实现新的飞跃。

知识对人才构成的重要性愈发凸显，从人类时代演进过程中生产要素的变化可以看出：农业时代的生产要素是土地和简单的劳动力，工业时代是资本和能源，而在信息时代，信息和知识成为核心的生产要素。李晓鹏曾提出，一个人要想稳定地获得任何形式的收入，都要对应一种这个人所能掌握的资源。他要么掌握生产性要素进行创造获利，要么掌握破坏性要素进行破坏获利。破坏性要素具有极强的排斥性，只掌握在少数人手中，而知识则是信息时代下最核心的生产性要素，大多数人都能够通过组建自身的知识能力体系，成为知识密集型人才，以此创造和实现独有的价值，这种类型的人在信息时代下是具有长远竞争力的。

重仓"年轻人"

在这样的时代背景下，太阳雨的人才观也逐渐发生转变，从以位置说话，转向以价值说话。一个人可能从任何一个职位或者位置上掉下来，但是价值不会。面临市场竞争的残酷，业绩的达成成为衡量人才的核心指标，决定薪水的不是你的职位和年龄，而是能否为企业带来切实的利益。很多老一套的"大企业病"必须进行根治，等级森严的晋升机制和论资排辈的陈规，导致很多人将关注点放在如何让领导开心，而不是自身价值的提升。而在对领导有价值和自身有价值之间，后者永远是根本，前者只是可选项。只有通过自身的价值为企业带来绩效，才能最终获得领导的认可和尊重。

怎样的人才能够在企业中找到价值的释放点？我把太阳雨的价值链条划分为五个环节：理念（idea）、技术（technology）、产品（product）、推广（promotion）、营收（profit）。凡是能够在这五个环节中贡献思想和付诸实践的人都是企业需要的人才。他们有一个共同点，一定是一个具有知识和活力的"年轻人"。

我把人才的需求划分为三个种类：一是90后，作为职场的新生代，他们有着互联网时代的气息和基因，具备不受约束的理念和敢于实践的冲劲，能够为企业的创新和突破带来新鲜的血液；二是懂净水的人，净水业务作为太阳雨再造核心的新业务，要形成自己不同于太阳能业务的新模式，摆脱对原有成功路径的依赖，在市场理念、技术研发、产品设计、营销推广、营收机制各环节引进专业的净水人才，搭建全新的业务团队；三是懂互联网的人，太阳雨集团业务划分为东、西、南、北、中五大板块，分别代表太阳能家用、净水家用、太阳能商用、净水商用、电商五个部分，互联网目前虽然在初步发展阶段，但承载的是太阳雨品牌的未来。

传统制造业的互联网战略，需要大量懂互联网思维的人来搭建全新的团队和运作模式，并给予充分的空间去探索。通过引进这三种类型的人才，优化和形成太阳雨人的两种基因——传统制造业的基因和移动互联网的基因，打造一支传统产业里懂互联网思维的团队，凭借长足的竞争力制胜未来。

融入互联网，重仓年轻人，是太阳雨透过对未来的规划所设计的人才战略。信息化、智能化的大趋势下，人的思考所产出的知识生产力是永远不可代替的。如果用一句话来阐述我对互联网本质的理解，那就是：站在未来看现在，而不是站在现在看未来。

传播的互联网化

前不久观看央视节目，听到主播说出"拉仇恨"一词，惊奇于网络语言已经蔓延到央视这种传统平台。回想起女儿和妻子在家交流的场面，频繁地"然并卵"让妈妈摸不着头脑。而公司90后小鲜肉嘴里层出不穷的新鲜词语，也不时让自己觉得out了。互联网原住民是企业当下及未来用户群体的主流，他们的生活理念和习惯已开始逐渐替代原有的方式。网络语言的影响力带动互联网移民和难民不断地向原住民靠拢，试图通过这种俏皮的方式来找到共同语言。

如何持续地抓住用户的眼球成为品牌必须思考的问题，转变交流方式和内容，吸引用户注意力，并激发情感互动，这已经成为互联网品牌营销的重要课题。

这是一个人的注意力比鱼还差的时代：2012年人的平均注意力为12秒，2015年人的平均注意力为8秒，金鱼是9秒，你精心编撰的内容可能丝毫无法吸引用户的注意。没有传播就等于没有发生，传播在很大程度上代表了事实，决定接受信息一方的认知反应。在企业变革的各个环节里，传播占据着先行的重要位置，是企业形象和走向的触角。互联网时代的信息及传播有着其独特的逻辑和路径，品牌需要灵敏地洞察到这种变化并迎合当下的沟通模式。

短平快的注意力游击战

信息爆炸导致必然的注意力分散，品牌营销日渐成为消费者注意力的争夺之战，短、平、快不仅仅体现在前沿的商业模式上，也渐渐影响了信息传播和接受的方式。随着注意力停留和保存周期不断缩短，人们下意识地躲避深刻冗长的文字，这就要求信息传达必须简要明了，整版详细产品信息的广告已经不再能吸引更多潜在消费者。大脑处理视觉内容的速度比文字内容快 6 万倍，图片的直观性和简要性更加适应人们对于高效接受信息的需求，一图胜千文的读图时代已经开启。企业的传播途径从传统的稿件、新闻等，延伸到微博、微信等自媒体。此外，手机屏幕也是接触消费者的重要场所，系列趣图、H5、短视频等新尝试也逐渐应用在太阳雨品牌推广上，拉近了与用户的沟通距离。

软性趣味的内容至上

前不久一篇题为《假如太阳能光热企业是一个班》的文章在微信圈热转，把各品牌比作班级的各个职位，太阳雨荣幸地被选为班长，文章既有趣味又很贴切，私下聊起才知道是某家行业媒体撰写的。内容的趣味性和价值越发重要，好的传播会让人自发地转发和参与讨论，而生硬的话题和僵硬的植入，只会引起反感。在推广太阳能的理念时，一套以中国七个耳熟能详的神话故事为创意的海报脱颖而出，把太阳能光伏产品的性能和神话故事里的人物特性结合起来，直观生动地展示了产品。借由生动的载体去展示产品和品牌是趣味化传播的常见方式，太阳雨在 2014 年正式推出品牌卡通形象小雨，广泛应用在线上和线下，成了太阳雨粉丝心中的小偶像，增加了品牌与用户之间的亲近感。

搭建互联网新入口

互联网技术及电商的发展为品牌推广提供了全新的平台和入口，因此品牌媒介以及广告资源要及时置换。2013年，太阳雨首次在真空管上印刷二维码来链接产品信息，并逐渐应用到产品包装箱、物料等环节，央视广告标版以及户外广告等也增添了电商平台的入口。媒介投放也逐渐向互联网的热点平台倾斜，湖南卫视战略合作的开启，综艺节目等的软性植入，都把触角延伸到了互联网原住民密集的地方，很多年轻的消费群体进一步了解了太阳雨，通过这样的转化，将逐渐构建太阳雨在互联网时代的新形象。

互联网化的传播就是放下企业自顾自说的陶醉，以用户喜欢的方式，连接品牌价值与用户需求，这就是互联网化传播的核心。

营销的订单法则

从《琅琊榜》到《太阳的后裔》,再到近期的《欢乐颂》,现象级热剧的火焰一把接着一把;自《爸爸去哪儿》开启综艺新时代后,各类真人秀节目一发不可收,2016 年超过 400 档,接近 2015 年的两倍。爆棚的人气背后,依旧逃不过"二八定律"的怪圈,热度和份额相差悬殊,上千档综艺类节目,火爆的却总是凤毛麟角。广告主也盯上了这些炙手可热的 IP,难免会有下赌注的心态,然而类似首季《中国好声音》与加多宝、《爸爸去哪儿》与 999 小儿感冒灵这类王牌案例,无疑是屈指可数,难以复制。

每当探讨广告投放时,销售出身的我总会下意识地将投放金额换算为多少笔订单的利润,权衡投入和产出的性价比与效果。70 后的我对于传统媒体的认可是很笃定的,央视的平台质量、曝光频次及销售达成,为太阳雨品牌壮大贡献了至关重要的力量。传统媒体和新媒体此消彼长的新局势下,我们也开始尝试新的投放,从 2015 年的《我是歌手》、优酷土豆视频平台,今年《花样姐姐》指定产品与微博的台网联动,以及安徽卫视即将开播的《我们的法则》《男生女生向前冲》,其间反复求证的压力远高于投放央视时的决策。

广告主和媒介资源的关系一定程度上很像婚恋的男女,广告主是待嫁的女方,充满忐忑和期望,能有效解除女方担忧的往往是这样的告白：我很爱你，我们的性格也很合适，我会努力给你幸福的生活，在五年、十年之内分别达到这样的目标，对事业和家庭有阶段性的计划，即使不能取得最高目标或遇到困难，也保证不差于目前的状态。这样一讲，大多数女孩子就会安心许多，嫁给男方的意愿就会增强。对应到广告主的立场，无非就是解决了品牌调性与资源投放的契合度、资源的火爆程度及可能性、最差的投放效果这三个核心的指标，总结起来就是可预期、可测量、可兜底三个点。

2016年集团的媒介投放结合预算套用这三点，太阳雨净水机、太阳能成为《花样姐姐》指定产品。可预期层面，节目内容和受众与品牌投放目标一致，能够提升太阳雨在一、二线城市群体的认知度和美誉度；林志玲在节目中具有高关注度和口碑，能够以代言人的身份亲自使用产品，为品牌助力；东方卫视在2016年如期成为卫视第一，投放效果大增。可测量层面，节目情节与产品使用高度契合，可以精准传达产品的功能价值；硬广与软植入的数量和质量是实现广告权益的量化指标，收视率、搜索热度、电商导流等数据也能反映投放效果。可兜底，就是确保最低收视率在可接受的范围内。在市场促销活动及模式的探索中，也可以通过这三个指标来决策和衡量。

企业在面对市场销售时，也需要从这三个角度用力，提升订单的达成率。可预期，就是用户的购买目标，通过购买产品获取使用价值和体验感受等。因此产品卖点要简明扼要地抓住用户的痛点，并清晰地传达、强调用户的诉求，比如无电大瀑布太阳能热水器解决恒温、增压、大水量的使用痒点，智灵款净水机提供高品质精密的净化效果与智能操控的使用体验。可测量，就是用户能够通过可视可感的现象了解产品性能，无电大瀑布的演示系统展示大水量的优越性；TDS笔能够显示净化前后的数据效果，智能操控可以感受到便捷的使用体验。可兜底就是品牌背书和技术专利能够确定产品的质量和服务，让使用者无后顾之忧。

经营是一个严密的投入产出公式，不依赖想象和机遇，可预期，可测量，可兜底，从用户需求出发进行投入产出比价值分析，是企业经营决策和用户订单达成的关键突破点。

"三化"管理

近日,太阳雨集团启动了新展厅项目,这是品牌多元化理念及业务战略明晰后的一次全新展示,项目组成员多是在企业多年的老同事,凭借对企业充分的了解,看似一件并不费劲的事情,却经历了反复的斟酌和修正。品牌展厅项目的实质就是把品牌形象在一个空间中进行全方位呈现,让观看者通过视、听、感等角度,快速地认识和了解企业,这是一个展示方与观看者互动的过程,不仅要求策展方从形象提炼及定位、信息梳理和排列、展示方案设计等流程展开,更需要结合观看对象、所处场景等多项因素综合考虑。展厅展示和管理有着相通之处,本质上都是传递信息、接受信息、达成效果的过程,在其中我摸索到了管理的三个关键点:可视化、简单化、场景化。

可视化,即看得见

以展厅为例,把存在于头脑、资料中的品牌形象通过文字、画面、新技术等形式展示出来就是可视化的过程。可视化管理是将管理对象用一目了然的方式来体现,在硬件上,是透明干净的办公环境设施,在管理软件上,利用IT系统让企业流程和信息更加直观,并有效传达,从而实现管理的无纸化、透明化与可视化,为高效运行提供保障。一个复杂的工作指令或流程通过语言讲述可能要半个小时，落实到文字说明或许需要几百字，而通过一张简明的流程图只需要几秒就可以让人清晰明了。图像，最贴合人类大脑的信息处理习惯。可视化管理好比企业管理体系的外在导视系统，规避管理流程的暗箱和死角，剔除主观的揣测和臆断，是现代高效管理的基础。

简单化，即看得懂

经济学家和精明的商贩，懂得同样一个市场规则，但是表达却不同。管理对象多是普通大众，学术的晦涩和口语的随意都不适合，因此在信息编制和传递上务必简单化。在工作分配上，同样要力求简单化，体系思维固然重要，而突破点往往只有一个。简单化的工作思路就是在繁杂的体系中找到一个点集中突破，通过连带效应改善整体。《百家讲坛》大唐英雄传一期，讲师提到每一个历史人物的成功都有他专注的一点，秦始皇是统一天下、汉文帝是发展生产、汉武帝是弘扬国运。天才的卓越非凡都需要专注，何况凡人。"一万小时定律"对个人职业选择和发展的启示也在于专注，每天做好自己专注的一件事，日积月累才能洞察背后的机理，成为某一领域的专家。

场景化，即看得准

场景化是价值变现的关键环节，是一种能够根据事件、场地、对象、时间等要素进行换位思考的能力，管理措施和工作事项只有与场景匹配才能奏效。前不久在发动全员讲解太阳雨时，每个人都切身体会了对外介绍企业这项工作的技巧，既要将对企业的了解转化为对外的讲述角度，也要考虑听众所在的场景及不同群体的立场，冗长、自说自话的理论难以给对方留下印象，简明扼要、通俗易懂又逻辑清晰的表达才是关键。同理，市场运作方案的输出也要考虑终端场景的实现可行性，想当然的点子只会水土不服，对业务团队的工作传导也要充分考虑一线的环境模式，不增加无价值的负担。

可视化、简单化、场景化解决了管理主体、管理思路、管理对象之间的畅通连接，是管理价值转化不可或缺的三个关键。

渐入佳境的三节跳

有一句谚语：对于一只毫无航向的船来说，来自任何方向的风都是逆风。雷军的风口说也曾一度被奉为互联网信条，但最终还是抵不过变化的无常。时代的风，往往不知从何方吹起，有的人能把握风向，顺势而为，而多数人往往迷茫无措。找对方向，渐入佳境，这是每个人、每个企业实现自我发展的良性路径。

第一节：行为向下

我们每一个人必须思考一个问题，那就是：我真正最核心的价值到底是什么，是否能够成为一项独有的技能并转化为成果？工蜂与人才的区别在于能够锚定自己的核心价值，找到价值点的过程是漫长和艰难的，而一旦确定就会爆发无限能量。

我们每个人必须聚焦于自身核心能力的打造，这是社会分工的必然选择。在经济社会中，企业首要的任务和核心能力是创造效益，而对于个人来说，这个核心能力就是有别于且优于他人的能够为企业创造价值的能力。能力的打造不是花拳绣腿，要想出拳有力，首先要扎稳脚步，练好基本功。所谓基本功就是基本上决定你能否成功的功夫，需要在时间尺度上坚持和突破。一万小时定律告诉我们，所有核心能力的打造都需要放下身、沉下心、蹲下去。

行为向下是一个持续的过程，从建立价值到升级价值都离不开俯下身的寸步耕耘，在取得阶段性成果后显得尤为重要，曾经的辉煌和自诩的身价往往成为行为向下的心理障碍，唯有克服虚浮才能用脚丈量每一寸价值。

第二节：认知向上

决定人们行为背后的密码是认知，一个人看待问题的角度、高度和深度决定了其成长与发展的程度。

认知有三个层面：第一是态度层面，即看法。叔本华曾经说："事物的本身并不影响人，人们只受自己对事物看法的影响。"同样的事物、同样的环境，有些人表现出的状态是发展的、积极的、看到机会的认知，有些人却是消极的、抱怨的、只看到问题的认知。坚持正念、正语、正行才能发挥正能量的作用，继而收获成长。

第二是思维层面，即想法。更高的维度、更广的视野、更深的层次是衡量思维层面的三个指标，维度与视野决定着人们能不能站在更高的立足点看到事物整体面貌以及看清未来的发展走势，而深度则是透过现象看本质、一针见血、直指核心，能以第一性原理和事物根本规律的角度来理清复杂多变世界背后简单不变的真理，并以此做出决策与行为。

第三是逻辑层面，即做法。指的是能够梳理目标实现的路径，并分解和细化为不同的步骤，按照逻辑关系，逐次推进和实现。正如十节甘蔗理论，创意是逻辑原点，随后的环节是实现创意并转化成果的步骤。逻辑能力在工作中尤为重要，缺乏逻辑的人做事分不清重点先后，一团乱麻；而逻辑清晰缜密，则会按部就班，水到渠成。

第三节：知行合一

影响个人发展的要素无非两个方面：认知与行为，二者缺一不可。正确的认知加以有效的行为才可能达成预期目标，实现预期结果。同样，持续有效的行为反过来也会强化原有的认知，进而形成正向往复的循环，推动个人和企业的持续发展。

王阳明先生在十岁时曾即兴作过一首打油诗，"山近月远觉月小，便道此山大于月；若人有眼大于天，还见山小月更阔"。这首诗形象地表达了认知水平的差异所看到的不同境界。

人与人之间的最大的区别就是认知，犹如企业和企业之间根本的区别源于价值观和企业文化。人如此，企业亦然，只要我们秉承行为向下、认知向上、知行合一的理念，必将直挂云帆、乘风破浪。

知止的智慧

开会,作为一种常见的社会活动形式,可以追溯到新石器时代。文明的初期,人们便通过开会来集思广益,以利于做出正确的决策。今天,开会仍发挥着重要作用,却也面临质疑。雷军曾表示:"希望小米是一家小公司……一个不洗脑、不开会、没有KPI、不需要打卡的公司。"

在太阳雨,我们还做不到小米的程度,但是我们同样不推崇通过开会来反复安排工作,更反对那些冗长而无益的会议。然而有一种开会在太阳雨是受欢迎的,那就是"分享会"。我们鼓励不同的同事来做分享,对内容不做限制。我也会利用这样的机会,分享出差和学习的心得。最近的一次,我便分享了对于"知止"这个词的理解。

一、知止是知行合一的自律

知是认知,是知己、知人、知事、知物。

古希腊的德尔菲神殿上刻着"认识你自己",神谕般凸显了认知自我的意义。认知自我,首先是认清自己的价值,即"我能做什么";其次是认清自己的欲望,即"我想做什么"。一个人只有在认清自己的价值和欲望的时候,才会催生出相信自己、主宰自己的意愿和主动性。人又是社会的动物,需要认清自我与"人、事、物"的关系,即认清"我应该做什么?"和"我不应该做什么?"

而在神殿上与"认识你自己"并存的还有另外一句话,"凡事勿过度",这就是"止"。王阳明先生说"真知即所以为行,不行不足谓之知。"当我们认知了自我价值实现和欲望满足的行为边界,唯一要做的就是实践和体行,知行合一。

"正直、智慧、有活力"是太阳雨的人才标准,"智慧"是指有能力、有方法,能够为解决问题寻找措施;"正直"则是不能有投机取巧的私心杂念和触碰法律红线的邪念。我们在公司内部会上说,这是"思想简单,头脑不简单",其实心中有数,行为有度的人,才能在职业道路上行稳致远。

二、知止是知错就改的自新

在加速变化的当下,无论是工作还是生活,"错"的概率大大提升。

"错"既难免,也有不同内涵。过错是无心之失,犯错是明知故犯,试错是主动探索。虽然价值评判不同,但无论是哪一种"错",都需要及时"知止"。

犯错,往往是不能认清和控制自己的欲望以至于触碰法理公序。作为企业的管理者,我们既要对员工明确原则与红线,时时对少数人进行"思想割草",还要对已经偏离正确行为轨道的人进行鞭策,使其能够认清错误,"从内打破"获得新生。

而过错和试错,虽然没有主观的恶意,但是行为人要克服的是对自己的消极影响。我们向来鼓励对错误进行反省,但也要在反省之后,及时进行心态上的归零。放下一时的错误,才能继续前进,而对于企业而言,试错和知止更是实现创新和转型升级的必要条件。

达尔文说，在生物进化过程中"生存下来的不是那些最凶猛、最聪明的，而是那些最能与时俱进的"。人和企业亦不离此道。

三、知止是知所进退的自如

《大学》有语："物有本末，事有终始，知所先后，则近道矣。"道，深奥玄妙，《大学》却告诉我们道就在于明辨遵循"本末"、"终始"和"先后"，甚至还应该有进退、得失、轻重、缓急、取舍……体会这些词语，我们不难发现，道，犹如一支流动的，有节奏的旋律，万事万物都随之起舞，知止就是顺着旋律的起承转合踩准节拍。

太阳雨今天已经形成了以"清洁热能"和"家居家电"为核心的"一横一纵"业务布局，同时辅以配套的生态链业务。我们的部分业务负责人在做规划的时候，有时也会陷入"取舍"的困境，面对成百上千个 SKU 不知如何抉择。这时我们要问自己，"我们为谁创造什么价值？"这是"本"，想明白了这个问题，我们便找到了"取舍"的关键。

道不仅影响大局，也左右着具体的行为。我们看到有这么一类人，吃苦耐劳、踏实做事，上级领导交派的任务无条件接受并努力不懈。但很多时候这类人又会存在这样的缺点，就是缺乏变通意识和转化能力，哪怕情况有变也"一条道走到黑"。对于他们，知止就是要有双向思维，才能够进退有度，舒展自如。

Two Steps from Hell 是一家专业的音乐制作公司，正如其口号"Music Makes You Braver"，他们的音乐大气磅礴，很多经典配乐都出自他们之手，其中《Victory》和《Star Sky》更是被奉为"战歌神曲"，火遍网络。但我更感兴趣的是这家公司的中文译名，常见的有"两步逃离地狱"、"地狱边缘"、"咫尺地狱"等。其中我比较倾向的是"咫尺地狱",并且我更愿意将其译为"咫尺天堂",因为天堂和地狱,有时就是两步之遥,也可能就在一念之间。可见知止是一种修身的态度,一种处世的法则,更蕴含着深层的智慧,它足以主导成功和失败,区隔着地狱与天堂。

心营销

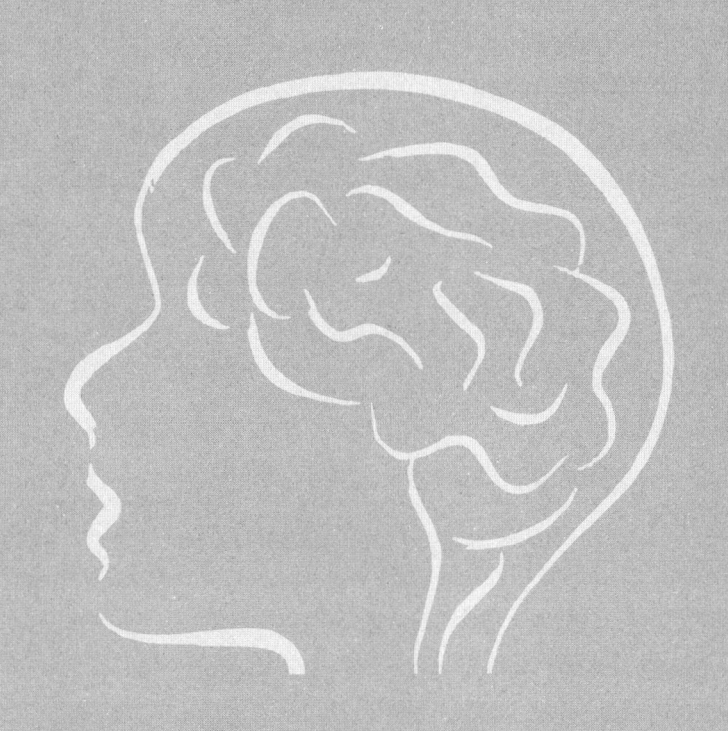

第四章
激活市场的能量

问题背后的问题

前阵子去各个市场为半年度经销商总结表彰大会做报告时,发生了一个小小的插曲。在做报告之前,有个人带了一帮人来,在会场上引起了骚乱。分部长告诉我,这个人是当地市场以前的一个经销商,因为违规操作,被公司取消了经营资格。对方一直不满,这次来,是故意捣乱的。分部长一见那架势慌了神,问我要不要不再做报告。我直截了当地拒绝了他,要求和这位经销商一对一沟通。他不赞成,担心我有危险,但是我坚持沟通。最终我和那位经销商进行了简短的交流,矛盾顺利化解,对方心满意足地带人离开,会场恢复平静,会议正常进行。

这个事件对我的触动最大的,不是对方的来势汹汹,也不是会场的躁动混乱,而是分部长面对这件事的态度。我十分不解,他怎么会想到劝我离开?发生这种事情,从表面上看,问题是没有处理好与被取缔的经销商的关系。进一步思考,分部长遇事的反应说明,他对处理类似事件一直都采取逃避的态度。他真正需要处理的,并不是简单的厂商关系,而是自己已经习惯了的逃避问题的态度——这才是问题背后的问题。发现问题背后的问题,面对它,处理它,放下它,才是根本的解决之道。

面对问题是先决条件。通常人们不愿意面对问题,是因为无法说服自己走出自我的那片舒适区。在舒适区内,我们经验丰富,事事熟悉，所有一切都在自己的掌控之内。那次事件对那位部长来说，就是远离舒适区的突发事件。他第一次面对这样的问题，之前从未有过处理此类问题的经验，觉得无从下手，又不肯把脚向舒适区之外迈一步，尝试着解决。再加上会场上特殊的氛围，他一慌张，便下意识想到了逃避。我由此联想，从他对舒适区的依赖程度来看，可能在之前遇到很多问题时，他不想处理，就直接交给下属。因为一直没捅什么篓子，他也安安稳稳地坐在了自己现在的位置上，其实还是未熟透的"夹生饭"。

我在初入职场的几年发现了一个奇怪的规律。有一项工作，我可做可不做，如果躲过了，过不了多久，这个活儿拐个弯抹个角，最后多半还会回到我这里，很少能逃得掉。我也曾见到过别人因为"躲事儿"，付出了未曾预料到的巨大代价。我给这个规律起了个名字，就叫"初一十五"定律，躲得了初一，躲不过十五。自从有了这个定律，我在工作上极少再躲什么事情。兵来将挡，水来土掩，反倒轻松不少，省去很多纠结的时间。经手的问题一多，能力增长也很迅速。

处理问题是核心步骤。一个人的核心能力就是处理问题的能力。讲白了，老板雇用我们，就是为了让我们把事情搞定。那天我处理经销商的事情，就抱着一种思想——转化。一上来我就说："他们都说你今天是来闹事的，我不相信。"于是对方连忙否认自己是来闹事的。我没有拉开阵势，他顺势偃旗息鼓，双方的关系一下子从对立转化成为统一。接下来就是聊些有的没的。我适时提出如果他确实有什么问题，我会亲自帮他解决，被他谢绝，说日后找分部长处理就好，然后带人离开了会场。

这一切，没有任何预演。生活从来都不给我们彩排的机会，一上阵就是动真格的。大多数时间，我们都在用已知的经验来处理当下的事件。墨子云："故彼人者，寡不死其所长。"在这个瞬息万变的世界中，用过去成功的经验来解决当下的问题，往往并不灵光。这就需要我们怀抱开放的态度，用心与当下的人、事、物融合，迅速解析眼前的处境，应变出新的解决之道。

放下问题是为了去承担下一个问题。回到总部后，我先后在内部会议与全国各市场负责人会议上分享了这件事的始末。一来让当事人从反省中总结经验；二来希望大家引以为戒，在日后遇事时能迎面而上，不要逃避；三来提醒大家不要在各自的市场上树敌，要团结一切可以团结的力量，共谋事业。

至此，这件事就告一段落了。我很喜欢英文一种说法叫"move on"，字面意思是继续移动，引申为向前走。职场也好，生活也罢，总是一事毕一事起，随时卸下，是为了随时出发。可能刚拐个角，下一个问题就扑面而来了，没有那么多时间让我们在一个问题中沉浸太久。

执行者与管理者一个很大的不同，是前者往往只看到问题，而后者会发现问题背后的问题；前者只是头痛医头，脚痛医脚，后者则一针见血，药到病除。现在流行把特难让别人接受的人叫"极品"。前几天一个朋友在QQ签名上写："极品都是上天派来磨炼我们的。"其实处理那些大大小小的问题，又何尝不是一种磨炼？遇到问题，面对它，处理它，放下它，在这个循环往复的过程中，我们不知不觉地成长为更好的自己。

谋势突围　从心开始

在刚刚举行的半年度表彰会上，我们特设了一个前所未有的奖项——蜗牛奖，颁给增长率排名倒数五位的大区经理。2011年整个太阳能热水器行业的发展状况不容乐观。尽管我们上半年的同比增长率达到了近50%，但能明显感觉到2011年的市场竞争比往年要激烈得多。各大品牌在终端的殊死搏斗，让这场战役变得异常艰难。从数字思维的角度，我一针见血指出：这个增长率得来不易；从成果思维的角度，我一眼看穿：个别销售人员的业绩不尽如人意；从内向思维的角度，我还是要一人担当，在当前的形势下，向我们的团队提出新的方针：谋势突围，从心开始。

先说"谋"。"谋"在这里取"设法寻求"之意。那五位获蜗牛奖"殊荣"的大区经理上台领奖的时候，伴着《蜗牛与黄鹂鸟》的音乐，一个个垂头丧气，把台下的人笑得东倒西歪。大概是觉得太丢脸，有一位大区经理当场表了决心：如果到年底完不成任务，就把蜗牛奖的牌子吃掉。我笑说："就怕到时即使你吃了牌子，也无法更改任务没有完成的事实。所以不光要表决心，更重要的是设法寻求新的业务增长点。"

"势"指的是势气。《孙子兵法·势篇》有云："故善战者，求之于势，不责于人，故能择人而任势。"孙子认为，在作战中营造有利的"势"，比"术"和"策"更重要。曾经把中国足球队带到世界杯赛场上的米卢，就是一个懂得用"势"的足球教练。在球队的技术和战术层面，没见他花什么力气。相反，他却狠抓球员的身体状态和心理状态。扭转球员的态度、促进球队的团结，这都是为了在球队中形成一股"势"。虽然许多外行人甚至内行人都觉得米卢"没货"，但国脚们却渐入佳境，觉得这个队怎么打都行，谁上都行。中国队出线后，崔永元在《实话实说》节目中送给米卢一套镀金的《孙子兵法》，大概也是觉得米卢训练球队的思想跟我们先人"求之于势，不责于人"的理念不谋而合。

站在市场营销的角度，"欲谋利先谋势"是在激烈的市场竞争中取胜的不二法则。销售部在市场一线拼杀，打造的是市场势：销售数字逆市大幅增长，是销量的势；经销、分销网点迅速而扎实地扩张，是渠道的势；活动在终端轰轰烈烈地进行，是促销的势；县级千万大商的诞生，是经销商的势……市场部在后方支持前线，打造的是品牌势：与银行等异业联合，是跨界的势；全方位整合媒介为品牌所用，是传播的势；各种奖项的申请与获得，是荣誉的势；相关活动的参与出席，是公关的势……研发部和生产制造部门在大本营辛勤劳作，打造的是产品势：引进高端的设备、在外地建设厂房，是生产的势；利用新技术开发新产品，是技术的势……另外，还有行政、财务、售后等后勤保障部门，默默地为各种势的积蓄提供支持。

"突围"，突破的是围困。道家讲究人与自然的关系，儒家讲究人与他人的关系，佛家讲究人与自己的关系。企业发展面临的围困，也可以从环境、他人、自己三个角度来分析：在环境层面，我们行业正面对着宏观经济形势不佳、微观经济人均购买力下降的问题；在他人层面，我们面对各大竞争品牌的终端狙击；在自己的层面，我们的内心因为环境和他人而出现了魔障，自己把自己给困住了。这种处境，也可以用"三情"来形容，即行情、敌情和我情。

"从心开始"，说的是从自己身上找原因。我让那些得蜗牛奖的同事反省：行业增长率下降，你负责的区域就该下降吗？别人没完成任务，你就该完不成吗？你有没有考虑过自己的原因？我听过一个很有意思的比喻：人一生下来都是瓦数不同的灯泡。比如我是45瓦的，你是60瓦的。但是在成长的过程中，如果45瓦的人常常通过自省来擦拭自己，而60瓦的人疏于学习，心里蒙了尘，那么45瓦的灯看上去就比蒙尘的60瓦的灯还要明亮。所谓"从心开始"，就是让大家去擦拭自己的内心。行有不得，反求诸己。希望他们能自己和自己对话，直面自己心里对市场认识不积极的阴暗面，照见自己的内心，冲出当下这种被围困的局面。

目标没有达成，要么是不"谋"，即主动性不佳；要么是无"势"，即影响力弱；要么是"心"被困，即心里有了魔障。从照见自己的心开始，凝聚团队和经销商的心，既而形成团队和经销商的势，才有可能实现真正的突破。

谋势突围，从心开始！

质变引起量变

量变引起质变是人们熟知的哲学中三大辩证法规律之一，它揭示了事物发展变化形式上具有的特点：从量变开始，并不断积累，从而引起质变。这一规律在社会运行的各方面都能得到验证，它启示我们要注重量的积累，没有任何成功是一蹴而就的。而仔细回顾企业经营管理的方方面面，我发现了"反哲学"的一面，在量变引起质变的表面下，隐藏的是"质变引起量变"的玄机。

如果按照量变引起质变的规律解读企业发展，便是企业在产品技术、销售以及品牌等方面不断积累，规模和实力达到一定程度，继而发生质变的飞跃，从名不见经传，到崭露头角，再到行业领先，完成量变到质变的过程，再进入新一轮量变积累的循环。这样的过程无可非议，而我们往往忽略了量变的性质，出现了愚公移山式的"量变积累"观念，认为只要在现有状态下持续地积累就能达到质变的飞跃，这样的误区不在少数。实际上，每一步的量变必须首先从结构和性质上进行质变的革命，才能从根源处爆发出新的力量，实现突破式的量变。

这样听起来或许难以理解，我们可以先从个人的切身成长谈起，职场中经常可以听到这样的声音：我已经在这里工作多少年了，为什么薪水还是不见涨，还是一个初级职员？很多人在潜意识里认为只要工作的数量不断积累，自己创造的价值就越多，理应有更多的薪水和更高的职位。我把这种人称为团队里的"兵油子"，他们长期在自己的岗位上重复没有营养的工作，丝毫没有创造更多的价值，这样的量变没有任何意义，根源在于他们内在的本质是陈旧的。因此，个人工作技能和素质的提升必须先从内在的质变开始，面对工作用不同的方式去思考和尝试，积极改善自我的能力和素质结构，只有这样才能够提高工作效率和质量，创造更多的价值，自然也会有相应的高薪和晋升。

对企业而言也是如此，太阳雨从白手起家到行业第一品牌，再到行业第一家上市公司，经过了很多次里程碑式的蜕变，如果从量变引起质变的常规角度来解读则是持续的积累带来了质变飞跃，但这样的解读忽略了其中关键的因素。在市场占有率不断扩大、品牌力持续提升的背后，隐藏的是一次次质变带来的量变突破，质变的本质是创新，而创新则是创造性的破坏，只有敢于打破现有的模式，跳出重复累积的舒适区，才能创造新的增长奇迹。

在竞争策略层面，唯有质变才能冲出竞争困局。在太阳能行业品牌林立、竞争激烈的时代，吸热为王的红海局面让很多企业举步维艰，这时太阳雨选择的是从质变突破，独树一帜地提出"保热墙"概念，开辟了太阳能行业的保热蓝海，实现销售量的突增，抢占了市场份额。"保热墙"案例充分证明了产品技术的量变复加并不能引起变革，而技术、性能和理念的质变才能实现全新的突破。在目前的竞争格局下，"保热墙"的优势将被太阳雨继续传承，而更重要的是思考全新的产品技术方向和竞争策略，酝酿再一次的质变。

在市场活动层面，我坚持一个观点：市场在于折腾，"折腾"就是指不断地翻新打法，进行质变的尝试。太阳雨在三、四级市场突飞猛进式的发展得益于很多独创的营销模式，城乡大联动就是其

◎质变引起量变◎

中之一，这种整合资源、集中突破的方式创造了一场又一场销量飘红的促销活动。城乡大联动模式创新带来了阶段性的量变突增，但在今天我们要做的不是继续按照这个模式积累，而是探索新的质变，开发新的营销模式，只有这样才能继续创造量变。

在渠道的培育层面，以经销商的内在变革为基点，撬动渠道质量和销量的提升。在渠道建设之初，我们通过全面的调研分析发现，很多经销商发展缓慢的原因不在于市场活动做得不够多，而在于自身的经营结构落后，很多仍是夫妻经营模式。对此，我们提出公司化运营理念，引导经销商从自身的质变开始，淘汰落后运营方式。这一理念在渠道中得到了很好落实，许多公司化运营良好的经销商通过完成内在的变革，实现了销量增长，成为太阳雨最早一批的千万大商。

在多变的市场环境中，无论是个人还是企业都要积极跟随时代的变化进行质变，不触动本质的量变并不能带来质变，只会陷于增长乏力的瓶颈中无法走出。只有先进行质的改变，才能创造突破性的量变增长。

从《致青春》看情感营销

2010年《老男孩》掀起了一阵怀念青春的热潮。前不久,《致我们终将逝去的青春》又把人们拉回到对青春的怀念中,带着些许酸涩和无奈的情绪,人们不由自主地被这部电影所吸引,首日票房便超越《泰囧》并不断升温。以逝去的青春为题材的作品受到热捧似乎并不意外,从这两部爆红的作品中,我们不难发现"青春"的情感切入点巧妙地叩开了观众的内心。

心理学研究认为,情感因素是人们接收信息的"阀门",在缺乏必要的"丰富激情"的情况下,理智处于一种休眠状态,不能进行正常的工作,对周围世界表现为视而不见、听而不闻,只有情感能叩开人们的心扉,引起消费者注意。以消费者情感差异和需求为核心的情感营销已成为营销观念发展的新趋势,情感营销不仅是消费需求多元化和人性化的必然结果,也是品牌建设的必要课题。一个成功的品牌一定有自己独特的情感标签,情感营销就是要塑造品牌的情感诉求,并通过持续的营销事件强化情感诉求。

品牌诉求不是毫无依据的发散,而是需要媒介延伸而来,这个媒介首先是企业所提供的产品和服务,不同的产品特性有其相应的情感联想。以腾讯这种网络社交工具为例,它的产品特性可以延伸为不受距离阻隔的情感沟通。"腾讯12年,弹指间,心无间"的广告,从距离和亲情的角度入手,讲述了一个男孩出国留学前后对母爱理解的变化，感人至深。对太阳雨而言，太阳能产品给人最直接的认知就是通过吸收阳光产生热水，"阳光"和"热"是产品属性的两个关键词，由这两个关键词便可以延伸出环保、温暖的情感联想，继而形成了太阳雨温暖、关爱的品牌基因，太阳雨品牌的名字在情感映射上也具有先天的优势。

在竞品品牌众多的行业中，寻求自身的品牌诉求并不是一件容易的事情。瑞典的Absolut Vodka（伏特加）最初曾因价格昂贵、造型丑陋、没有品位而一直不受欢迎，销量惨淡。后来伏特加在酒瓶上大做文章，重金聘请艺术家在酒瓶上创造富有感染力、诱惑力的广告，营造了自信、自如、高雅的感觉，提高了酒的品位和艺术形象，成为消费者借以显示身份和地位的名酒，满足了追求高品位的情感需求。伏特加在进入中国市场后首次推出中国版限量装，由青年艺术家创作的瓶身设计"72变"，化用了经典神话人物孙悟空的形象元素，传达大胆、创新、变化的品牌诉求，融合中国文化的传统与潮流，定位可谓十分精准。

品牌情感诉求需要通过营销事件来强化，一方面要学会"讲故事"，用代表品牌诉求的典型事件吸引目标客户。在海底捞出现之前，为人们熟知的品牌有小肥羊、德庄等，海底捞的蹿红从人们津津乐道的服务亮点开始：等餐时女生可以免费美甲，现场表演拉面技艺，洗完手后有服务员递毛巾，心情不好有人陪你聊天……这些亮点吸引了大批顾客去体验。海底捞的成功点并不是特别奇特，只是把消费者心中的服务做到了极致。"顾客就是上帝"是消费者对于服务最朴实的情感认知，海底捞把这种情感认知转化为品牌的情感诉求，通过视顾客为上帝般的服务迅速塑造自己的特色，在众多火锅品牌中独树一帜，成为当之无愧的第一品牌。

另一方面，公益是传达企业品牌诉求的一个重要方式，代表了企业的精神气质。公益活动有不同的侧重点，品牌在参与公益活动时要根据品牌的情感诉求选择合适的公益角度。太阳雨公益慈善基金的主要项目之一是"阳光浴室"，主要向乡村学校等硬件设施匮乏的地区捐赠太阳能热水系统。在这个过程中我们与西藏盲童学校学生这一特殊的群体结缘，将其作为长期资助的对象，并在2013年为盲童建立音乐厅，帮助盲童实现他们的音乐梦想。2012年太阳雨参与央视和光明日报社联合主办的"寻找最美乡村教师"大型公益活动，并在2013年继续作为爱心合作企业全程参与。冥冥之中，这些点滴的事情积累起来，也让我们逐渐确定了太阳雨公益慈善基金的情感主线，关注祖国的未来，致力于教育条件的改善，帮助孩子们实现梦想。

　　适当的情感营销能够创造情感溢价，是品牌建设不可或缺的部分，但不能溢价过度。很早之前我就提出一个观点："太阳雨要做百姓买得起的名牌。"品牌要在销售中建设，而不是高高在上，脱离产品属性和受众群体。太阳雨品牌的快速成长是在销量中建立和壮大起来的，从家电下乡到今天的城镇化，产品和市场都不断向上发展，但要始终坚持一点：品牌提升的目的是为更多的顾客提供物美价廉的产品，强化情感认同，这才是品牌情感营销的标尺。

"三杰"合力 以快制胜

思科CEO钱伯斯提出过著名的"快鱼法则":"在网络经济下,大公司不一定打败小公司,但是快的一定会打败慢的。哪里有机会,资本就很快会在哪里重新组合。速度会转换为市场份额、利润率和经验。"不难看出"快"既反映企业对市场动态的敏锐性,也是企业行动力的重要体现。作为太阳能光热行业首个A股主板上市企业,太阳雨在行业竞争中是当之无愧的"大鱼",而唯有与"快"结合,才能在不断变幻的市场中制胜。

伴随后家电下乡时代的到来,太阳能光热行业的三个主要市场中,零售市场趋于平稳,国际市场增速放缓,而工程市场波澜潮起,增长最快、潜力巨大,对于销售增量将起到越来越重要的作用。

对于未来市场发展,我提出了"三个向上"的战略。第一个:渠道向上,即城市是未来太阳能发展的主战场;第二个:业务向上,即业务向工程市场拓展;第三个:市场向上,即高端定制市场不断壮大。太阳雨工程技术公司专门负责工程市场的开拓,是能否在新的市场格局中胜出的关键。所以,工程技术公司必须做一条"快鱼",对市场趋势灵敏反应,快速出击。

明晰了市场发展趋势,接下来就是要找准着力点。工程技术公司的主要任务归结起来有三个方面:订单促成、订单获取和订单管理。公司上下都应围绕这三个方面开展工作,对应的负责人要对自己的职责有明确的思路与目标,这样员工才能知道怎么干,工作才能有条理地铺展和实施。张瑞敏曾经说过,"不是因为有些事情难以做到,我们才失去了斗志,而是因为我们失去了斗志,那些事情才难以做到"。企业与企业之间的竞争,归根结底是人与人之间的竞争。

汉高祖刘邦曾问群臣:"吾何以得天下?"群臣回答皆不得要领。刘邦遂说:"我之所以有今天,得力于三个人——运筹帷幄之中,决胜千里之外,吾不如张良;镇守国家,安抚百姓,不断供给军粮,吾不如萧何;率百万之众,战必胜,攻必取,吾不如韩信。三位皆人杰,吾能用之,此吾所以取天下者也。"刘邦说的这三人就是青史垂名的"汉初三杰"。太阳雨在工程市场的开拓之战中,巧妙地借鉴了"汉初三杰"的策略模式。

一、订单促成,对应的负责人扮演张良的角色

订单促成部门的主要职责是战略与策略的谋划,负责人必须做到运筹帷幄,理清管理思路,从发展全局出发,制定工程市场的发展蓝图。相对于零售业务,太阳能工程项目流程较为复杂,涉及很多环节,任何一个环节上出了问题都会影响到销售的达成,所谓"营销无小事"就体现在这里。

管理策略上,首先干部要发挥监督、指挥、检查的职能,懂得给团队"定计划""定标准""定指标",并对工作不断核查,保证每个工程项目都能够不折不扣将这些销售环节跟进到位。

人才战略上,严格把关市场人员的招聘环节,并有长远的培训规划,打造综合素质过硬的人才队伍,做到会商务、懂技术、擅人际,深谙促成订单的策略和技巧,并有良好的执行力,也就是要编

织"人网"。

传播策略上,要做好宣传势的打造,即"天网"的编织。把优秀的工程产品和工程案例传播出去。对此,订单促成部门构建了一个覆盖全国的品牌推广体系,涵盖视频、宣传话术、手册类工具书、工程安装设计教程、工程月刊等一整套推广配套物料,更好地支持市场品牌推广。

二、订单获取,对应的负责人扮演韩信的角色

获取订单是工程技术公司的核心任务,订单获取的根基是一定数量的高质量工程渠道,只有广泛铺设稳定的工程渠道网,才能确保未来工程订单的来源,也就是我们所说的编织"地网"。"地网"的建设在我们开拓零售市场中起到了关键的作用,这样宝贵的经验,在工程市场的开展上要灵活取用。

有了稳定的订单来源,继而针对工程项目的不同类型特点和建筑应用需要,配备一整套满足不同项目需求的产品、解决方案、案例应用模型等的"标准化"体系,确保每一笔订单高效、高质量地落到实处。

在市场落实阶段,工程市场人员是各自市场的代言人,直接决定客户对品牌的印象,对他们的采购行为产生影响。在市场人员的管理上,首先是规范严格化,具体分为目标管理和日清管理,项目人员每次出差都要有明确的目标和行程。其次是激励最大化,每季度、年度都有规范的考核体系,晒日清、晒绩效、晒薪水,调动起市场人员的干劲和热情。

三、订单管理,对应的负责人扮演萧何的角色

通过编织完善的人网、天网、地网,实现订单促成和订单获

取,还要做好"收网"这一步。"收网"指的就是订单管理,订单管理部门一方面要对履约售后的一系列问题做出快速反应,把市场上获取的订单转化为成果;另一方面要确保市场人员衣食无忧,妥善处理后勤保障工作。因此,针对订单管理,我们实施了公司 SAP 信息化系统建设,整合营销、研发、生产、采购、物流和财务等系统资源,建立起符合工程市场运作的制度和流程等的"支撑保障体系",实现现代化、信息化的后勤管理。

在太阳能工程战场的较量愈加激烈的大环境下,要想先发制人,以快制胜,谋略、征战、后勤,缺一不可。

"一年一大事"的营销策略

曾经,某香皂品牌推出了一个"满10元送母亲节卡片"的促销活动。而让我觉得新鲜的是,卡片的邮递费用也由厂商来承担,如此彻底的终端活动,在以往是很少见的。营销是一个不断推陈创新的过程,厂商的营销举措需要不停地去适应时代的变化和消费者的变化。"问渠那得清如许,为有源头活水来。"在这个不停变化的世界中,企业要通过一系列品牌活化的举措,来为品牌不断注入新的活力。

品牌活化的举措可分为两类:一是根植于企业内部的产品创新,二是面向企业外部的品牌建设。许多年前,在一次终端走访时,我听到经销商抱怨说:"我们企业怎么也没有什么事情呢?"当时把我给问住了。我心里很清楚,经销商的意思是希望企业能常有些标志性的事件,对外传播出去,好让他们感受到品牌的活力,并把这种活力传递给消费者。也是在那时,我意识到,每一年度,品牌建设都应该设立一条主线。这一年间,所有的品牌活动都应该围绕着这条主线来进行。从那以后,"一年一大事"便成为我在品牌建设工作中的一份坚持。

太阳能热利用是新能源应用的一个重要分支,具有绿色环保的天然属性。太阳能热水器本身又是一种为人们带来温暖的产品,有着温暖与关爱的基因。因此太阳雨的每件年度大事也继承和发扬了这种基因：2008年北京残奥会，成立残奥助威团为健儿们呐喊助威；2009年太阳雨携手中国社工协会，成立新能源行业首支国家级公益慈善基金；2010年上海世博会，和生命阳光馆一起为生命喝彩；2011年，成为"中国环保事业合作伙伴"，通过推广普及新能源为中国环保事业尽绵薄之力。

每条品牌建设的主线，都要经过一系列的工作，才能在终端落地。首先进行的，是新闻传播。在职业发展初期，我也曾经负责和执行过一些新闻发布会。当时，只是单纯地认为这只是一场活动而已。随着工作履历渐长，我才明白，其实发布会的背后有一定的逻辑。发布会的意义在于，为接下来进行的传播工作积累原始素材。对于具体的执行者，应当注意以终为始，时刻把召开发布会的目的记在心头，而不是一味地钻进繁杂的细枝末节里，跳不出来。传播学的理论告诉我们，事情发生了，如果没说出去，就等于没发生。因此不光要把发布会执行得井井有条，更要让接下来的新闻传播处处开花。

然后要做的，是将产品与事件相结合。既然是年度的传播主线，那一定要在产品上有所体现。营销理念本身是抽象的，产品是理念实实在在的承载者。2011年成为"中国环保事业合作伙伴"后，我们便计划开发新一代的能效产品，将高能效的环保新理念应用到产品设计中，让环保成为产品的一种功能属性，而不是空泛的传播口号。

接下来进行的，便是活动的开展。对于经销商而言，企业的每个大事件，都可以成为他们促销的良机，为他们带来活动开展的新思路。2008年残奥助威团活动期间，我们陆续开展了残奥助威团团员的全球海选活动和征文活动，让终端的消费者参与其中，有机会参加北京残奥会开幕式。2010年携手上海世博会生命阳光馆，我们在终端也推出了赠送世博会门票的活动。相关活动的开展，让年度大事得以在终端落地，以此提振渠道的信心。

最后一项，是终端的演示，即在经销商的网点设置和派发与大事件相关的宣传资料。这样既能够为经销商开展活动营造一种氛围，同时，又能将蕴含在大事件中的企业文化，通过终端网点传播给更多的消费者，起到二次传播的作用。

几年来通过"一年一大事"的运作，我们也积累了不少的经验。在"一年一大事"的事件选择上，不但要与企业理念相符合，而且最好能结合年度的热门事件，这样传播起来会容易许多。这需要企业的决策者对社会热点有很好的把握，这种把握会带来一种嗅觉，让我们在众多的事件中挑选出最适合自己的来运作。在"一年一大事"的运作过程中，需要特别注意的，是事件本身特有的时效性。受时效性的限制，传播的周期不可能无限期延长下去。因此在节点的控制，以及相关活动开展的排期上，都要进行周密的安排。时机一旦错过，就再也不会来。另外，"一年一大事"只是企业的一根主线，需要许多分支来配合与支撑。大事件是年度计划的重点，要以它为中心，结合终端促销的几个节点，规划好季度计划和月计划，形成企业系统的营销规划。

"一年一大事"对企业领导者和员工的系统化思维能力，以及架构思想能力，都有一定的要求。国内多数企业在这系统的营销规划方面，仍处于摸着石头过河的阶段。系统的营销规划需要在运作过程中不断积累经验，才能逐渐形成企业特有的营销体系。"一年一大事"的营销策略，是一个很好的开端。

"广告人"的营销困局

"广告人"是泛指，说的是媒介、广告、媒体、咨询相关行业的从业者。他们为企业提供不同类型的营销服务。每年的第四季度，是他们为企业提案的高峰期。最近一段时间，在与相关从业者密集接触的过程中，我发现虽然他们从事的是与营销相关的工作，但他们的自我营销往往做得不好，在产品、价格、渠道、促销几个方面，都有一些不当之处。

产品之伤

这两个月听了近十家媒介公司的提案，他们有的自说自话，只顾着推介自己的资源，有关企业的需求却只字不提；有的把自己能够做的事生拉硬扯成甲方的需求，明显缺乏对太阳能行业的了解；极少数能从宏观经济环境讲到太阳能行业的发展，再以我们企业的需求为主线，讲出对我们明年电视广告投放的建议。最后这种公司的提案，能为我们制定来年的战略提供依据和启发，听起来不但不累，反而意犹未尽。

方案就是媒介公司的产品，提案就是一场产品推介会。那些自说自话的公司，显然是略过了市场调查这一步，对甲方的状况一概不知，就将产品设计出来交付给甲方，这样的产品怎么可能卖得出去呢？

价格之痛

前一阵子有家咨询公司组织了一场行业论坛,邀请我当演讲嘉宾。活动是对外售票的,因为门票定价过高,加上推广时间不足,上座情况很不理想。我一上台,就对台下的听众说:"这个论坛本身的营销就没做好,我还站在这里跟大家探讨营销,这是一件很可笑的事。"

我常常觉得疑惑,很多为企业提供品牌营销咨询的公司,可以为别人做咨询,自己公司的品牌建设却乏善可陈。拿4P中的价格来说,如果品牌营销咨询公司自己产品的定价都无法与市场状况相匹配,怎么能指望这种公司为企业产品线的定价提供参考依据呢?

渠道之陌

有家行业媒体想出一本关于行业发展的蓝皮书,来和我们洽谈合作。同样是因为无法洞悉企业的需求,他们提的合作建议丝毫没有吸引力。我于是"反推销"了一下,告诉他们如果换个位置,我会怎么谈,去把握哪些需求点。对方让我说得特别不好意思。

按说像这种行业媒体,应该和行业主流企业的操盘者保持非常好的关系,让这些人成为他们产品出售的渠道。但是他们平时疏于建立这样的渠道,待到推销业务时,因为不甚了解企业的现状及操盘者的观点,便无法捕捉到企业的需求,合作的机会从何而来?

促销之弱

2011年国际广告节,有家电视台以大手笔,借行业庆典搭好的台子,邀请媒介公司和广告主一起,举办了一场大规模的推介活动。除了播放电视台的简介视频,整场活动再无其他与电视台资源相关的内容。吃完肉,喝完酒,看完戏,除了觉得这家电视台"够意思"之外,我对它的资源到底有什么优势,一点印象也没有留下,心里暗自为这家电视台支出的一大笔营销费用觉得不值。

电视广告是为企业做促销的,有的电视台却不会为自己的资源做促销。2011年央视的资源推介会,就让人耳目一新。从开场到嘉宾再到各个环节的设置,都有很大的突破。往年最容易让人昏昏欲睡的招标介绍环节,采用了3D动画演示的全新方式,很有新鲜感,让人大吃一惊。促销活动就要这样,有创新的形式,有精密的环节设置,才能引起广告主的兴趣。单单让人觉得你"够意思",够意思就选择你吗?

广告主的"痒痒肉"

以上种种,让我觉得广义的"广告人"在自我营销的过程中普遍存在一个困局:为别人提供营销服务,却不懂如何自我营销。之所以会陷入这种困局,主要原因是对广告主的需求洞察不足。那么,广告主的"痒痒肉"到底在哪里呢?

广告主的第一种需求是企业品牌建设,包括渠道品牌、消费者品牌、雇主品牌三个层面。渠道品牌针对的是渠道客户,即经销商,需要通过行业媒体和行业活动去打造。消费者品牌针对的是终端客户,即消费者,需要通过电视广告、公关活动、网络新媒体、促销活动等去打造。雇主品牌针对的是内部客户,即企业员工,需要通过内部活动和校园招聘去打造。对于媒介、广告、媒体、咨询机构,以上每一个环节都有商机,只要广告人挖掘出企业在任意一方面的具体需求,利用自己的资源和专业能力加以满足,在产品、价格、渠道、促销四个层面都充分融入甲方的需求,就不愁没有生意做。

第二种需求是企业操盘者个人品牌建设。企业操盘者个人品牌建设往往与企业品牌建设密切相关。有些言论，品牌自己说出来是广告，企业操盘者说出来就是观点，同时起到广告的作用。为了满足这种需求，广义的"广告人"要利用自己的平台为企业操盘者提供一个意见阵地。这是一种隐性需求，一般不会被言说。如果不能正确理解，只是一味给企业操盘者做个人宣传，便是另一种"不解风情"。

破除萧条的伪命题

作为京瓷和 KDDI 两家世界 500 强企业的缔造者，日本"经营之圣"稻盛和夫先后经历过日元升值危机、泡沫经济危机和两次石油危机。而每一次萧条过后，京瓷的规模都会扩大一两圈，得到快速发展。稻盛和夫在《在萧条中飞跃的大智慧》中用自己的经营智慧解读了企业在危机下的生存之道，其中有一段话令我印象颇为深刻："克服萧条，就好比造出一个像竹子那样的'节'来。行业增长期时，企业只是一味地成长，没有'节'，成了单调脆弱的竹子。但是由于克服了各种各样的行业瓶颈和困难期，就形成了许多的'节'，这种'节'才是使企业再次成长的支撑，并使企业的结构变得强固而坚韧。"

克服萧条的智慧是行业、企业长久健康发展所必需的，首先我们必须从观念上正视并正确认识萧条，无论是稻盛和夫所说的萧条期，还是行业冰冻期的观点，在我看来是企业发展的客观规律，是一个必经阶段，一个行业和企业的发展犹如一个人的成长，在少年时期长个子，长到成年时，身高和体重就达到了相对稳定的指标，这个时候身体的成长就不再体现为明显的外在指标的增长，而是内在机能的优化。对于企业也是一样，太阳能行业在经历了连续几年翻倍的高速增长后，必然会进入相对缓慢的增长期，这个时期便是稻盛先生所讲的"长节期"，这个时期会有困难和障碍，也正是这些障碍才使得这个"节"长得足够坚硬，为企业壮大打下坚实的基础。没有节的竹子，是易断的。没有经历过增长缓慢期的企业，也好比温室的花朵，禁不起大的风浪，更谈不上持续不断地壮大。

在太阳雨 2014 年第一季度的大会上，我作了《破除萧条的伪命题》的讲话，萧条只是思想和意识上的萧条，而冰冻是行动和行为上的冰冻。我们要正确认识现状，时刻保持危机意识，并找到突破口，全员奋战，创造新的飞跃，简单来说就是两点：宏观有方向，微观有方法。

在宏观方向上，节能和环保是未来社会利用能源的大方向，太阳能热利用有着巨大的空间和生命力，利用天赐的阳光能源提供无须消耗电能、燃气的清洁热水、热能等，这是太阳能区别于其他热水器的无可比拟的优势，这个方向是大势所趋。

微观有方法，就是要制定实现目标的打法。稻盛和夫讲的克服萧条的几条对策非常有借鉴意义，第一是全员营销，全体员工都应成为营销人，太阳雨的内部人员必须定期下市场，汲取市场灵感，而不是坐在办公室里拍脑袋想方案，各个部门都要积极地贡献好的想法和创意，打破部门界限，让自己的视角从职位、部门拓展到整个企业，共同为太阳雨贡献智慧。前段时间，我们去阿里巴巴考察学习，很多人印象中的阿里是氛围活跃轻松的，在那里我们了解到"868"的调侃说法，意思是多数阿里的员工都是每天八点上班，八点下班，一周上班六天，这给了我们很大的震撼。这样的文化不是制度所能约束的，而是每个人发自内心投入工作中才会有的氛围。

全员营销就是要全体人员动起来，与市场同呼吸共命运。市场就像海洋，你不奋力地游起来，就会被淹死；只有游动起来，才会不断发现新的领域。江苏连云港作为太阳能最早的核心市场，在 2014 年第一季度，我们从业务人员到导购员全员参与，精心组织策划，发动了多次战果空前的太阳雨独有的"城乡大联动"活动，这是破除萧条最好的佐证。

稻盛和夫克服萧条的第二条对策是全力开发新产品，因为客户的需求是不断演进的，作为行业的领导者要有超前的视角，能够以变革的精神推动产品升级，以更好地满足顾客需求，只有这样才能持续引领行业发展。吉列早在 20 世纪初就发明了可替换刀头，使吉列成为可替换刀头剃须刀的领先者，占据全球市场 70% 的份额，而后继续推出双锋、三锋新型刀头等新技术应用。如果没有产品的不断革新，领导者就很难持续保持领先地位。太阳能热水器最初从城市市场进入，因产品外观和性能等，经历了被城市市场放逐的命运，后来在三、四级市场成长和强大，并在这个过程中不断提升产品性能、外观和体验，如今太阳能已经在城市市场得到广泛认可和应用。继 2007 年推出保热墙专利技术，开启太阳能保热时代之先河，太阳雨在 2014 年再次以"无电增压太阳能"开创大热水太阳能体验时代，前瞻性的产品革新是太阳雨制胜未来的核心竞争力。

所以，企业要正视成长的每个阶段，从宏观上明确方向，就微观处制定方法，才能长出茁壮的"节"。

跳出确定性迷恋

行为经济学理论有这样一个实验,在以下两者之间做出选择:A. 你一定能赚 3 万元;B. 你有 80% 的可能赚 4 万元,20% 的可能什么也得不到。实验结果是,大部分人都选择 A,当人们处于收益状态时,往往厌恶风险,喜欢见好就收,害怕失去已有的利益。这个现象被行为经济学家称为"确定效应"(certainty effect),即处于收益状态时,大部分人都是风险厌恶者。"二鸟在林,不如一鸟在手",在确定的收益和赌一把之间,多数人会选择确定的收益,落袋为安。

无独有偶,世界潜能大师安东尼·罗宾分析人性的六大需求中,第一个基础需求便是确定性,襁褓中的婴儿在母亲的呵护下安然入睡,获得生命最初的安全感,而成人则通过自我的塑造,满足生活方方面面的确定性需求,比如稳定的工作、家庭和社会关系等。第二个需求是不确定性,长期固化的稳定往往会产生乏味感,人们在满足一定的确定性需求后,会不断追求惊喜和挑战。以伴侣关系为例,人们在感情中既渴望通过婚姻建立稳固、安全的关系,又厌恶一成不变的关系模式。确定性和不确定性是两种看似相互矛盾的需求,在实际生活中,人们不断地在两者之间权衡和博弈。一方面,通过各种确定性构建生活的舒适区,另一方面,人性需求是一个逐级提升的过程,确定性在一定程度后成为一种束缚和牵绊,而人类的进步、成就和能量往往来自不确定性这一更高的需求。

在协调确定性和不确定性的关系中，大部分人会有贪恋确定性的偏好。哲学家杜威说过，对确定性的迷恋来自我们内心的贪婪和懒惰。当工作、生活、社会关系的构建达到阶段性的舒适区之后，懒惰往往随之滋生，其背后的根源是受制于一劳永逸的幻念，不敢迎接改变，不愿突破和创新。

对企业而言，如何对待确定性决定了企业的命运。经历工业时代、后工业时代，到当下瞬息万变的互联网时代，仍有不少企业秉承着工业时代的思维——对确定性的迷恋和捍卫。这种迷恋往往发生在曾经持续领先的大企业身上，它的危害犹如精神的可卡因，降低对外界变化的敏感度，麻痹企业的竞争意识。回想近年来已呈现颓势，甚至倒闭、衰落的大咖，我们不得不承认，曾经看起来如此确定的竞争优势，竟然如此脆弱不堪。"一切稳固的东西都烟消云散，一切神圣的东西都将被亵渎。"马克思在《共产党宣言》中的箴言无疑是对不确定性最贴切的写照。

竞争的无常，让我们清醒地认识到任何企业都无法在确定性中领跑市场，唯有在不确定性中持续地激发创新的能量，才能完成自我蜕变。太阳雨持续领跑行业十余年，是行业当之无愧的豪门，而荣耀的背后是不断打破确定性的温床，时刻战战兢兢，如履薄冰。企业作为一种社会组织，必须保持鲜活的组织生命力，在太阳雨的品牌升级和战略演进的过程中，我们进行了相应的调整来适应这样的改变，在观念和行动上主动接纳合理的不确定性。企业的成长需要协调确定性与不确定性之间的此消彼长，克服确定性的弱点，激发不确定性的力量。

营销同样是一门洞察人性需求的艺术。有一种基于确定效应原理的促销手段，利用的便是消费者对确定性的迷恋。比如，一家洗衣店打出告示，一次洗三件，可以免费洗一件。这种让利方式要比平均降价25%更有效果。对消费者来说，完全免费是一种确定得到的优惠，要比折扣更具有吸引力。而随着营销的创新，不确定性需求日渐成为消费者的新痛点。一次在餐馆点餐，看到有一道菜叫作"暂时保密"，服务员告诉我们这道菜是厨师随机选做，每次都不同，顿时引起了大家的兴趣，爽快地选择了这道菜。这一创意打破传统的确定菜名的点菜方式，以不确定的未知为卖点，同样吸引了顾客的眼球。

《黑天鹅》的作者塔勒布在新书《反脆弱》中说，与其徒劳地预测"黑天鹅"在什么时候以什么方式来临，不如让体内形成一种类似于"抗药性"的抗脆弱机制。不做束手无策被风吹灭的蜡烛，而做野火，因为风的到来变得更加旺盛。"反脆弱性"启示企业，真正的王者是在不确定性中获益，并持续称霸的。

与虚无划清界限

再次提笔,已是9月,我又迎来了新的一岁。每当这个时候总要下意识地回顾自己过去的一年。山本耀司说:"自己这个东西是看不见的,撞见一些别的什么反弹回来,才会了解自己,所以跟很强的东西、可怕的东西、水准很高的东西相碰撞,然后才知道自己是什么,这才是自我。"

在书中与作家对话,是我喜爱的碰撞方式,而人总有偷懒的时候,比起书籍,电视剧、手机的便利和诱惑,总让人后悔浪费了阅读的时光。一个小插曲让我有了一丝宽慰,在一次沟通中,我把看《琅琊榜》时记录的思考和团队管理进行了关联解读,一位同事笑说:"陈总连看电视剧都能想到工作。"这才发现自己的职业性已渗透到每分每秒:看广告时,想到品牌媒介投放;购物时与销售员攀谈,了解营销生态的变化;坐出租车时和司机做雇主品牌的调研……非工作时间里的任何放松形式都暗涌着对工作的思考,成为一种与生活并行的思维模式。

和同事打牌是我休息时的一大爱好,按约定输的一方买指定的书给赢方,一是给胜利一个甜蜜的仪式感,二是在心理上弥补本应在打牌时间看书的遗憾,最近陆续赢来王小波的作品集,书中思想的碰撞让我在自我、生活和职业中都窥见了全新的境地。李银河在悼念王小波一文中说:他像一个农夫,把真理从虚无里牵出来——

就像从羊圈里牵出一只羊一样自然。读到这句时不禁感叹她作为灵魂伴侣的洞察,平实而透彻的归纳把我阅读王小波时自己内心的冲击像镜子般反射了出来。在《理想国与哲人王》一文中,王小波说:假如像某些哲人那样讲出晦涩、偏执的怪理,或者指天画地,口沫飞溅地做出武断的规定,那还不如让我自己多想想的好。不管怎么说,我不想把自己的未来交给任何人,尤其是哲人王。"与虚无划清界限"是他鲜明的态度,给了我莫大的触动。

一针见血,敏锐地发现并指出问题。在一次内部探讨中,一位负责人在剖析问题时,流露出对竞争对手策略的赞誉,乍听颇有思考的深度,而我机警地嗅到了不一样的味道,想起刚看过的销售人员堕落全过程的十步曲,第六步就是羡慕对手。我当机立断地指出这一点,大家不约而同地默默点头。作为管理者,侃侃而谈是最容易掉入的误区,我们不需要虚无的战略评判,而是洞察问题的心力。管理者首先是一个诊断者,在面对不可能完美的企业时,能够从表象症状看出内在问题,一针扎中病灶,既需要发现的智慧,也要有指出的魄力。

一眼看穿,洞察问题背后的原因和真相。前不久,集团在深圳的鲜果O2O电商果实帮宣告停业,遭遇了大多数互联网创业同样的结局。我们的很多痛苦,来自突然发现的真相,如果你早就知道它,又有什么事情能让你彻底精神崩溃?新的经济生态不是取而代之的奇迹法宝,清醒地认识和坚守自身的属性与优势才是企业经营的关键。在2016年,我们强化人人营销、立足市场的思维管理,以标杆代理商的分享和复制作为渠道升级的核心,破除市场低迷的误区,把握耕耘品牌的真相。

一人担当,具备管理者的担当与能量。柯林斯说的第五级领导者身上有两个特点:一是"谦卑而执着,羞涩而无畏";另一个特点是,"遇到问题看镜子,遇到成就看窗外"。在太阳雨最重要的两类人是扛指标和带队伍的人,都需要极高的担当和责任心。

李敖说,王小波是中国白话文第一把手。在我看来,作家不仅是文字的大师,更是思想的智者。

向死而生的辽阔

提及年轻人的梦想与创业,总离不开梦想导师李开复,2014年的一场灾难让他从巅峰坠入沉寂,时隔17个月他推出感恩之作《向死而生:我修的死亡学分》,带给人们一次生与死的深刻思考。生、老、病、死,是每个生命个体都无法左右的过程,但我们往往忽视生与死的意义。海德格尔认为人只要还没有亡故,就以向死存在的方式活着,就是以"有死"或"能死"的方式活着。向死而生是看透生与死的关系,因而理性地面对死亡,积极地生活,不虚度此生。

企业同样也有自己的生命周期,基业长青的品牌无一不是时刻怀有忧患意识的。在互联网时代,企业的生死更加迅猛和无常,有的企业存活了百年,有的企业在繁荣后没落,置之死地而后生是企业蜕变必备的勇气。

自我革新三脉络

触动之余,我把"向死而生的辽阔"作为2015年集团半年年会的分享主题,回顾和总结近年来太阳雨迈出的变革步伐:2013年开始谋划成立深圳互联网子公司,独立运营新业务;2014年进行集团组织架构重组,成立电商中心;品牌战略中心划分出社会化营销、自媒体运营、社群营销等新版块,并将2016年定义为"媒体传播新元年",运作移动互联新媒体的品牌推广模式。在不断的摸索中,我们渐渐理清自我革新的三条脉络。

第一,从以客户为中心,转向以用户为中心。Uber和神州的营销大战掀起租车行业的又一次波澜,乘客和司机可以轻松面对面;汽车4S店打破场所限制上门服务,低费用和便捷性成为现实;移动餐馆实现足不出户的聚会饕餮;家庭影院技术与院线同步,满足极致私密的观看体验;出版行业也许不再需要经过出版社,而是读者与作者直接交易……新生事物的出现颠覆既有的模式和利益,不断输送让用户尖叫的产品和服务,被淘汰者带着愤怒和不解,恍若工业革命时代砸毁机器的无助感,却依然不能抵挡时代滚滚的车轮。去中间化、去中心化是互联网时代的重要特征,信息与接触的壁垒崩塌,中间层退出,利益相关者直接面对面,这对企业模式的创新是巨大的挑战。因此,我们既要直接与用户对话,建立联系与沟通,又要从用户感受出发,传递用户真正关心的价值,而不是自顾自说。唯有以用户为中心,不断探索和实现用户意想不到的新需求,企业才能持续生存。

第二,从核心竞争力战略、平台战略,转向生态圈战略。传统战略强调企业核心竞争力的重要性,核心竞争力往往是单一的,源于对自有资源的掌握。而互联网时代的创新战略强调生态圈的思维,核心理念不是管理好自己拥有的资源,而是管理好自己不拥有的资源,与谁一起玩才能玩得更好,以此建立生态圈模式的竞争合力。

第三,从以位置说话,转向以价值说话。论资排辈和经验主义在互联网时代已难以立足,自身有价值才是个体意义的根本。我们确立"融入互联网,重仓年轻人"的人才观,以开放和赏识的心态接纳有知识、有能力、有热情的年轻人,给予充分的信任和平台去建立新的价值体系。

优于过去的自己

　　自我革新是一个艰巨的过程，太阳雨在新的变革过程中，由于自身传统企业的基因惯性，遇到过很多不可预测的障碍和争论，很多人会困惑这样做是否有意义，意义又有多大。在我看来，变革是不可抗拒的，企业过去的优势抗不过时代的趋势，但变革的出发点不是迷恋互联网基因企业爆发式增长的虚假繁荣。

　　海明威曾说，优于别人，并不高贵，真正的高贵应该是优于过去的自己。2015年，太阳雨已经16周岁，对我们来说，在时代的浪潮下刷新和进化自身，让品牌不断优于过去的自己，就是企业生命力的高贵所在。

向内的路才是向外的路

2016年5月份,太阳雨集团再次发起了全员营销的运动,内部人员全部到市场终端一线,与业务团队一齐参与上市四周年年庆活动,这是我们团队保持与市场脉络相连的传统。通过与用户和客户面对面沟通,收获成交的成就感,也更体会到订单的来之不易。

在走访市场的过程中,随处可见的促销充斥商场和街道,已成为交易活动的常态,力度和花样不断逼近极限,无休止的降价、赠品利诱带来的冲动型消费一点点耗损企业的经营体质,品牌变得羸弱不堪,消费者也在鱼龙混杂中愈发难以辨别,没有人是赢家。正如俞敏洪所说,没有内涵、品质的品牌,在任何时代都不可延续。而破解这个怪圈,获取品牌可持续的良性生存,就要从"为什么"开始。

好品牌"为什么"屹立不倒

有些品牌在用户心中屹立不倒,追随始终。在每一个"果粉"心中,打开Mac亮起的苹果是植根在他们心中的印记。而有些品牌耗费精力和财力,也不能真正称之为品牌。美国营销顾问西蒙·斯涅克的《黄金圈法则》解密了苹果传奇背后的路径,被张瑞敏列入书单,在海尔升级转型的过程中启发了自内向外而非自外向内的思维,这与我们曾经的一次会议主题"向内的路才是向外的路"志同心合。为什么、怎么做、做什么是黄金圈法则的三个环，分别对应理念和信念、措施和方法、现象与成果。由内向外是指从为什么、怎么做到做什么，也就是先明确企业创建的信念和使命，然后通过怎样的模式和策略来实现，最后是具体的成果和收效；由外向内则是先考虑做什么，比如卖什么产品利润高，然后为了达成销量怎么做，而忽略最初为什么要从事这项经营活动。

太阳雨是一个具有热忱信念和浪漫情怀的品牌，从创立之初有着清晰的"为什么"，投身太阳能产业，将清洁能源带入千家万户，从百亿级的太阳能热水器市场向千亿级的太阳能光热市场，再到万亿级的太阳能源市场，不断深挖太阳能行业的纵向和横向发展，提出涵盖供电、供暖、供热水的"太阳能一切"的理念。

太阳雨"为什么"而出发

2016年5月31日，我们与丹麦Arcon-Sunmark成立合资公司，以太阳能跨季节储热采暖为基点，翻开全球最大光热市场的工业整合新格局，将目前国内以家用为单位的散布式小型解决方案，逐渐扩展至大型太阳能光热系统领域。

在集团的多元化发展中，我们同样从"为什么"出发，找到了独属于太阳雨品牌的内涵意义，阳光、空气、水是太阳雨这一奇妙自然现象的核心元素，同样也是生态圈能量驱动的主要来源：通过太阳能挖掘阳光利用、空气能优化24小时的能量供给、水净化科技维护生命之源，最终实现家庭为单位的生态家居体系，我们称为"太阳雨之家"，并在商用、工业用领域逐渐减少和替代传统污染型能源，实现社区、商业、工业一体的太阳雨生态圈。这既是我们的终极使命，也是未来全球生态可持续发展的解决之道。

姜奇平在《新文明论概略》中抛出意义时代的观点，提出农业文明让人们得到使用价值的满足；工业文明打开物质价值的世界，用货币的度量扩展了人的社会化本质；而信息文明的贡献在于发现意义的世界，从目的之镜中实现意义的认同。对于品牌而言，品牌意义是基于产品，又高于产品之上的内在价值，是企业长存的精神根基，也是抵御恶性营销的重器。

在信息文明时代，回归以人为中心的视角，常怀"为什么"出发的信念，我们才能真正实现自己存在的价值与意义。

要么粗暴，要么美妙

前不久，太阳雨与安徽卫视一起就 2016 年的投放进行结案讨论，在前期充分沟通和协作的基础上，《我们的法则》《男生女生向前冲》中太阳雨太阳能的露出和深度植入都非常透彻，很多观点也不谋而合，大家相谈甚欢。

在媒体生态环境的巨变下，消费者触媒习惯也急速演变，企业和消费者好似一对男女，企业作为主动的一方使出百般武艺吸引消费者注意，力求达成购买，而随着信息的透明化，消费者像傲慢的被追求者，对广告的免疫力和鉴别力不断增强。新的局面不断刺激媒体行业传播技术和方式的更迭，同时在内容层面的倾注和创新也持续增加。企业如何通过广告与消费者产生关联，建立黏性，与男性追求心仪的异性有着相通之处。

太阳雨在媒介投放及传播上也不断进行新的尝试，在新广告形式的摸索中反复求证，不断调整策略，以找到与自身当下状况相匹配的有效投放方式。我总结了一条原则：要么粗暴，要么美妙，最忌讳在两者之间摇摆，沉醉在自己犹抱琵琶半遮面的场景中。

直接向消费者告白

粗暴即简明、强烈地传递信息，直接向消费者告白，无论是新产品广告，还是品牌形象广告，都需要清晰地传达消费者关注的有效信息，斟词酌句的"大便体"是最大的误区，反而制造了信息接受的隔阂。细数能让消费者印象深刻的广告中，粗暴型往往占多数，脑白金的"今年过节不收礼，收礼只收脑白金"、恒源祥的"羊羊羊"，以及优信二手车巅峰时刻的鬼畜广告都是经典的粗暴型广告，尽管褒贬不一，但不可忽略其传播上的收效。

太阳雨在《男生女生向前冲》中的产品物料摆放以及企业专场策划都做到了充分传达，只有这样才能最大化地增加消费者在观看节目时的关注率。网络综艺《奇葩说》中的广告植入也是毫不做作，嘉宾常常直接调侃金主，这种方式反而让新新人类的消费者群体觉得直率有趣，扭捏的方式只会引发"尴尬癌"，阻隔品牌与观众的情感链接。传统终端户外广告同样适用，视觉设计上首要强化突出重点信息，而不是过分考虑画面的美感，朗朗上口的墙体广告是性价比最高的方式之一，众多互联网企业对其也青睐有加。

让消费者自主搜索和尝试

美妙就是郎有情妾有意，让消费者在不知不觉中与企业相识相知相爱，自主搜索和尝试。这一点韩剧无疑是典范之一，不仅以剧情和颜值俘获观众，更以微妙的情节植入手段，让产品和角色之间产生化学反应，引发同款商品的抢购热潮。《来自星星的你》热播时期，小到唇膏，大到服装都成为消费者的搜索热点。这种美妙的手法屡试不爽，近年来爆红的《好先生》《欢乐颂》《微微一笑很倾城》等诸多剧中，互联网零食品牌三只松鼠几乎是从不离场，瞄准爱吃零食的女性群体，在剧情设置中制造代入感，并与主角频繁互动，无疑达到了美妙的效果。美妙型对于快消类产品相对易操作，收效显著，热水器、净水机等家电类产品也适合自身的美妙型方式等待我们去尝试。

  在近几年新广告形式的摸索中，太阳雨经历了在粗暴和美妙之间的探索，逐渐找到了最适合自己的广告形式，基于太阳能、空气能、净水机等产品的属性特征，锁定优势市场及目标群体，干脆地粗暴，精心地美妙。

要么打工,要么创业

一日,我出差步行经过央视新办公大楼,晚上9点多仍闪烁着错落的光亮,里面奋斗着的是中国劳动力市场的顶尖人才,而道路对面,建筑工地的工人们正在构建新的大厦,我的脑海里忽然又闪过国贸门口疑似明星的女子,瞬间五味杂陈。同一片土地上,每个人用自己的方式卖力地成全着自己对生活的全部期望。这样的强烈对比,让前不久思考的一个问题有了一点新进展:不同的人,不同追求的人,该怎么选择自己的职业,自己的事业,抑或是建立自己的世界?

我们中的大多数在踏入社会时,都要在劳动力市场挤进一个自己的位置,从零开始,不断学习成长,期待着心里构想的自己,可以从雏鸟到独当一面,从胆怯到自信,从弱小到强大。高的起步和幸运的出身总是少数,而职场是我们想进来又想出去的围城,我们既依赖这里弹跳起飞,又不时厌恶看不到的未来,不只是我们,精英阶层也是一样。作为中国媒体的金字招牌,央视是无数人挤破脑袋都想进去的大平台,近年来,李咏、郎永淳等央视主播的陆续离场掀起了央视的"离职潮"。"今后,我的身份不再是央视主持人,因为生命的后半段,我想,重来一次。"张泉灵在离职创业的声明中这样写道。这样的心路历程很多人都曾有过,创业还是打工,成为职场人心里来回摇摆的选择题。

互联网涤荡的大时代下,新创业机会不断涌现,企业也面临着守业和再创业的权衡与挑战。太阳雨近几年尝试了互联网创业,在深圳投资建立移动互联网鲜果运营商果实帮、快呼空气净化器等项目,逐渐在深圳本地甚至全国打开局面。集团内部很多人看到互联网创业的新鲜和刺激,也提出创业方案,希望通过企业平台和资源实现个人和企业的双赢。在我看来,集团内部的创业不是真正意义的创业,有公司强大的后台做保障,没有完全独立的经营体系,缺乏非生即死的创业危机感。因此,我在内部的探讨中表达了自己的观点:内部创业是伪命题,要么创业,要么打工。能者与其依托公司平台内部创业,倒不如放手自主创业。

回想自己近20年的打工历程,其间也多次被问到创业的相关话题,如何选择需要认清自身的特点和创业的本质。在与创业者们的交流学习中,我总结了这类人群的三种特质:赌性,敢于全盘托出,而不是瞻前顾后,患得患失;忍性,能忍常人之不能忍,有极宽广的胸襟和持久的耐性;眼光,也就是对商业前景和运作有独到的判断和把握,能看到别人看不到的机遇。马云说100个人创业,有95个人连怎么死的都不知道。反观互联网创业热潮后的冷静回归,大批互联网企业开始面临如何进一步发展的新挑战,创业乌托邦绝对是不可轻易触碰的泡沫。但创业的热情值得鼓励,很多成功也正是源于无所畏惧的信念和坚持,我非常支持有热情有能力的人去自主创业,树立自己的标签,开创新的领域。

对于职场人来说,面临的是如何打好工的课题,企业也同样在思索如何让职员更好地发挥能力,传统企业面临变革时,最关键的是挖掘现有团队的潜能。我把职场人分为三种:自燃型、助燃型、绝燃型。助燃型的人占大多数,需要为自己补充动力;自燃型的人是少数的优秀群体,能够通过自我驱动实现目标;绝燃型则是职场不欢迎的类型。基于团队激励的机制设计和创新是我们必须深入研究的一门课程，从上到下，从下到上，找着绩效考核的最佳方案与路径，在变动的良性失控中，建立越失控越动态，越动态越创新的增值循环。

"如果好奇心已经在鱼缸外，身体还留在鱼缸内，心会混乱吧。"在央视工作了18年的张泉灵下定了决心，跳出鱼缸。正如她巧妙的比方，创业和打工是两个完全不同的世界，要么创业，要么打工，中间几乎不存在模糊的边界。

要么创新,要么执行创新

前不久我组织大家去汉能展厅参观,体验了一场科技、思维、视觉全方位的太阳能光伏盛宴。展厅宛如一幅娓娓道来的历史篇章,从人类起源到工业文明,再到新能源利用的蓝图,汉能的品牌印象悄然烙印在观者心中。

来一场更具创意的年会

惊叹之余,我们慕名找到了为汉能展厅做创意策划和施工的公司,在交流中深刻感受到国际范的恢宏大创意和德国式严谨缜密的执行作风,每一个震撼案例背后都是体系科学的机制流程与分工合作。项目组中创意策划和执行是最核心的两个部分,前者负责前期的客户沟通与需求分析,这是整条工作链中耗时耗精力最多的环节,这一环节透彻清晰了,创意的方向也就把握准确了,从而梳理并导出创意方案。执行组则是充分理解和落实方案,用尽一切方式保证创意在施工过程中的精确呈现,这两个核心缺一不可。这样的工作思路给了我们很大的启发,反观我们在重要的系统项目上,也不自觉地践行着类似的工作机制和流程。

一年一度的年会盛宴筹备如期而至,确定会议的主题以及核心思路是首要环节,同时也是最需要反复思考和检验的过程,通常我们召集各个部门富有创意的成员一起头脑风暴,好的创意也往往由此诞生。2016 年年会的主题就是这样产生的，16 周年的里程碑、生肖猴年、大本营连云港花果山的文化地标三个要素碰撞出一个现场叫好的主题：16 年，大圣归来。创意确定后，一系列的呈现思路和方式便自然而丰富地展开，执行组也有了明确的任务，就是确保主题创意通过环节设置和现场执行来完美呈现。

思方行圆，守正出奇

不难发现，一个系统项目无非有两个核心——创新和执行创新，而对应所需要的人才就是发动创新和执行创新的人。通常一个人不会在两个方面都表现出色，因此良好的协作至关重要。而在实际中难免出现这样的问题：创新的人觉得执行创新的人没有想法，而执行的人认为创新的人不切实际。前不久看到一篇有趣的文章，题目是《白道爱开会，黑道擅执行》，讲到同样是社区关系维护的工作，黑道会针对特定目的与对象出任务，看到老太太过街上前搀扶，看见有人跌倒或是在搬重物主动帮忙，他们清晰地明白如何做才不会被排挤。而白道讨论了很久社会责任的课题，比如做生意需要跟你所在的社区维持良好关系，被人喜欢很重要，等等，最后往往停留在开会讨论，而裹足不去执行。在我看来两派各有所长，黑道的执行精神、白道的思维观点都是经营品牌所不可或缺的。白道好比创新类型的人，具备活跃的思考分析能力，能够输出策略与思路；黑道好比执行创新的人，能够理解策略并转化成行动，具备强烈的目标达成意识，把事情干脆利落地办成，同样也是一种很重要的能力。

在太阳雨品牌的建设层面，既要有阳春白雪的品牌文化来塑造触动心弦的精神内涵，也要有下里巴人的市场运作，来打造雷厉风行的市场业绩，两个层面相互结合才能构建一个有标签、有力量的品牌。在规划新一年的媒介投放策略时,我强调思想与执行缺一不可,两者相互协作才能完成从创意策划到落地执行的闭环。而在业务推广层面,2016年太阳能业务通过"太阳能一切"指明光热、光伏多元化利用的业务方向,并以"热年"政策统领全年的销售节奏;净水业务则围绕"我家的第一台净水机"打造上下呼应的传播音量与市场运作,通过聚焦的合力开辟目标市场。

创新与执行创新是品牌运作中环环相扣的两个环节,通过借助健全、流畅的协作机制,吸纳和发挥两类人才的智慧,才能思方行圆,守正出奇。

要么创造价值,要么传递价值

跳脱呆萌的人物形象,精致考究的画面情节,收割全年龄段的《疯狂动物城》在豆瓣的评分一路飙升到 9.5 分,迪士尼的招牌再一次征服了我们。

这部动画片的异常火爆在于不仅仅满足了观赏的趣味,更在于设定和传播了正向的世界观,惟妙惟肖地展现了五味杂陈的现实世界,给观众注入鲜活的营养和能量。迪士尼一直以来坚持"带给千百万人快乐,并且歌颂、培育、传播健全的美"的理念,它的核心竞争力就是制造故事,并通过建设游乐园、推出影视作品等,将快乐的文化传递到世界各地,简单说就是将两件事情做到极致:创造价值和传递价值。

品牌的运作法则是相通的,营销理论从最初的 4P(产品、价格、渠道、促销),到后来的 7P,本质都是围绕创造和传递两个环节展开。产品和价格是创造,渠道和促销是传递,7P 增加的人、过程、物质环境也是围绕传递环节来优化的。无论是当下互联网营销的新模式,还是企业自身的营销创新,只有不脱离这两个环节才能实现价值增值。在经济不景气的宏观环境下,我们尤其需要理清工作思路,抓住重点事项,围绕提升效能、效率、效益开展经营。

创造价值，而非创造劳动和工作

首先要明确价值的定义，很多人认为保证工作时间、岗位坚守就是价值，因此往往容易存在创造岗位、创造工作，而不是创造价值的现象，最终导致大量的精力和人力做了无用功。创造价值的反面是内部填补和消耗，既不产生价值增值，甚至会给目前的价值造成损失。

价值创造的第一个层面是通过提供产品获取订单和利润，产品是创造使用价值的核心载体。围绕产品的市场调研、技术研发、售后服务等都是产品价值链的重要环节。第二个层面则是软性的品牌力，需要持续不断地注入人文的理念和情怀，沉淀为企业独有的资产。创造的模式有两类：创作型和消费型。前者注重原创，具有独特性。在品牌使命和理念的探索中尤为重要，"阳光·空气·水和欢笑"的品牌理念是独属于太阳雨品牌的 DNA，既是三大核心业务太阳能、空气能、净水机的源头，又代表自然与人文和谐共荣的理念。消费型创造主要是整合，在太阳雨国际化和互联网化战略的大格局下，加快学习和引进国外先进技术，整合国内外优势是必经之路。

传递价值，是价值实现的脉络

正如人体的血液系统，如果血管出现堵塞，血液传输遇阻，机体便会出现问题。价值创造是远远不够的，传递环节至关重要。第一，通过渠道建设传递产品，把产品输送到渠道，继而带到消费者身边，才能兑现产品的使用价值，转化为销售利润。第二，通过媒介传播打造品牌，逐步提升认知度、美誉度、忠诚度，并且在品牌不断升级的过程中，及时有效地传递给受众群体。无论是广告投放、企业自媒体，还是终端店面，都是品牌价值传递的重要媒介。

第三，通过业务团队活化品牌，品牌是有温度的人文符号，每一个太阳雨人都是品牌价值的分子，遍布全国的业务团队就是品牌价值的活载体，通过业务达成、客户维护等传递有血有肉的品牌形象和价值。畅通的传递环节能够实现品牌价值的放大效应，而堵塞减弱，则会大打折扣。

创造价值和传递价值，是品牌价值体系运行的任督二脉，把两者打通并形成闭环是品牌制胜的不二法则。

从批判走向建设

2015年最热的动画电影无疑是《大圣归来》，经典的题材和现代的制作相得益彰，成就了内地影史上票房最高的动画片。大圣形象的重新演绎传承和升华了挣脱束缚、敢于挑战的民族情怀，"归来"的呐喊也让我们再次品读《西游记》的精髓。"目运两道金光，射冲斗府"，石猴出世时便神通广大，要过一种"不伏麒麟辖，不伏凤凰管，又不伏人间王位所约束"的生活，叛逆的本能使他大闹地府天宫，却最终不敌如来，被压五行山下500年。后来跟随唐僧取经，是他从叛逆者到大英雄的转折点，破坏的冲动和能量得到调整，从以往的肆意妄为到降妖除魔，求得真经，变得具有建设性，最终成为一个真正受人敬仰的英雄。

大圣的角色有着每个人的影子，与生俱来的本能让我们更习惯于从批判开始认识世界，而成长过程中的束缚和障碍，则让我们学会修炼自我、与规则博弈，渐渐走上建设的道路。至此，想起柴静一篇令我感触深刻的文章《岁月让人从批判走向建设》，是她为《曾国藩的正面与侧面》所作的序。曾国藩，一个矛盾、挣扎深嵌体制核心的官员，一生跌宕起伏，靠的正是精神上不断地自我更新，才实现了从愤青到圣人，从批判到建设的蜕变之路。回首太阳雨品牌从1999年成立至今（2015年）已有16年，2015年年会有着独特的里程碑意义，我引用"岁月让人从批判走向建设"作为自己在经销商年会跨年演讲的主题,与大家一起共谋 2016 年的新建设。

从宏观、中观,到微观,每个层面都存在着批判和建设。首先,在国家发展与时代变迁的宏观层面,16 年里,中国经济从两位数的高速增长过渡到运行平稳的"新常态",社会生活方式、文化观念也发生了巨变。我们目睹中国的飞速发展,也亲历其中的阵痛,信息透明化的今天,公众更多地参与社会问题的探讨,环境污染、贫富差距、社会风气等问题高悬未决,批判之声此起彼伏。但同时,我们也深刻体会到变革过程中前所未有的新希望和新气象,一部国家形象宣传短片 Hi, I'm China 呐喊出每个国人心底的热忱,中国梦正振翅高翔。

中观层面,16 年也见证了中国太阳能光热行业从小到大到强的周期生长。太阳能热水器最初探索于城市市场,因产品使用的局限被城市放逐,初出茅庐便吃了闭门羹;之后锁定三、四级市场,借势家电下乡政策实现飞跃发展;近年来回归常态增长,同时受宏观经济影响进入缺乏信心、创新的周期性瓶颈,唱衰的声音开始出现。而我们要辨清行业发展的客观规律,通过产品革新、渠道升级、服务转型三个建设性举措实现行业再腾飞。行业格局从起初群雄混战到七国、三国,再到 G2 时代,最终必将是剩者为王,总体的趋势是过去很美好,现在很残酷,未来仍很美好。中国净水行业经过初期发展的休整,改善了认知不足、良莠不齐、标准缺失等问题,近年来产量以每年 45% 左右的速度增长,正处于蓬勃成长期,可以用"过去很残酷,现在很美好,未来更美好"来概括。

微观层面,太阳雨品牌的创立具有非凡的时代意义。中国企业界有两个时间点非常奇特,第一是被称为中国企业元年的 1984 年,联想、海尔、万科等制造业大咖全部诞生在这一年;第二就是 1999

年,萌生了当今的互联网三巨头百度、阿里和腾讯,是中国互联网大潮的元年。太阳雨的 16 年,从民营企业转型为集团化运作的上市公司,抓住了宏观、中观和微观的重要发展机遇,也在反复试错中不断沉淀企业经营的宝贵财富。在今天,我们坦诚面对企业和代理商所面临的问题,因为我们坚持着共同的理念,那就是没有问题才是最大的问题。

批判常有,而建设弥足珍贵,从批判走向建设是信念的历练,更是前行的动力之源。

创造你的意义

2015年是太阳雨创立的15周年,是值得庆贺的里程碑。对一个人来讲,15岁是志学之年,也就是从这一天起,树立人生目标,开始精彩生活;对太阳雨来讲,经过15年的发展,我们成为行业的冠军,达到一个新的高度,也步入了互联网时代。

在这个时代、这个高度上,我们的视野变得更加开阔,同时也在深入思考:太阳雨如何才能持续成功?前段时间偶尔看到韩寒的一段文字,深受启发:总有人为你制定规则,总有人试图给你答案,但没有人可以代替你思考,走别人的路,不会留下你的脚印。去忠于自己,和你喜欢的一切在一起,做你想做的所有事,人生的经历不是在他人的攻略里学到的,越过高墙,大胆创造,让自己无可取代。挑战教条,挑战所有一成不变,创造你的意义,新青年。所以,正值太阳雨15周年,在2015年全球经销商年会上,太阳雨以"互联网时代,创造你的意义"的主题,奏响了下一段历史的主旋律。

阿里巴巴的上市,开启了全新的互联网时代,消费互联网时代拐点显现,产业互联网时代扑面而来。对于互联网时代的论断也逐渐在嘈杂中冷静和沉淀,审视历史和当下,我发现并不是因为有了互联网时代,才产生了互联网思维,它不是互联网时代的专利。早在中国古代就有利用免费模式、热点炒作等方式吸引人群的经典记载,这些与当下互联网时代发生的热点事件相比毫不逊色。正如《圣经》里讲到的一句话:"已有的事,后必再有;已行的事,后必再行。日光之下,并无新事。"

现代的管理者常常讲到狄更斯的一句话:这是最好的时代,也是最坏的时代。最好的时代,是因为互联网改造着一切,带给我们前所未有的机遇;最差的时代,是因为一切变化太快,很多企业还没来得及用互联网思维武装好自己,就面临着被人打劫的困境。

互联网时代似乎建立了一道高墙,区分了传统企业和互联网企业,无论是董小姐和雷大哥的十亿豪赌还是苏宁和京东的放话对决,两派的言论和举动始终是风口浪尖上沸腾的热点。而在这背后,格力等传统企业正在缜密地布局互联网战略,借助原有的基础和实力,势头如虎添翼,一鸣惊人,秒杀无数新兴的互联网企业。而少数的互联网企业也出现了炒作大于实际意义的尴尬局面,当火爆的炒作离开产品和服务的商业本质,一切都难以持续。因此,太阳雨作为传统企业渐渐摸索出互联网时代下的新思维,未来属于传统产业里懂互联网的人,而不是那些懂互联网但不懂传统产业的人。也就是既要深刻理解传统商业的本质,也要融入和运作互联网时代的新思路。

《易经》否卦有句爻辞"倾否,而非否倾"。主动颠覆封闭的局面,而不是被封闭的局面所颠覆,"倾否"不是一劳永逸,而是要根据时代演进不断地颠覆,不断地"倾否"。对此,太阳雨明确了互联网时代下企业战略的三大核心。

首先,是设计和打造好我们的产品。以阳光、空气、水作为太阳雨品牌业务发展的边界,清晰而不涣散,即有界限;同时各业务的打法要打破界限思维,跨界运作。通过打造拳头产品、权衡产品的设计与性能、协调产品标准化与体验多样化三项举措,实现热水核心再造、净水再造核心的战略布局，从专业化战略、多元化战略逐渐升级蜕变为平台化战略。

其次，是建设和活化我们的品牌。立足当下的经济环境矛盾和未来生活的发展趋势，诉求"崇尚自然、热爱生命、节能环保"的企业价值主张，打造一个族群的消费生活方式，丰富太阳雨的品牌内涵，推进太阳雨从世界太阳能第一品牌，升级为创造一段历史、代表一种精神、凝聚一个族群、影响整个世界的全球化品牌。2015年，太阳雨在持续投入最权威的央视平台的基础上，联手潮流顶尖的湖南卫视《我是歌手》平台，签约视频前沿的优酷土豆，布局媒介年轻化，建立互联网时代的媒介生态链；签约林志玲为太阳雨品牌的形象代言人，活化品牌形象，并以西甲联赛官方热水、净水供应商作为强力的品牌技术背书，全面强力提升品牌力。

最后，是创造和保有好我们的用户。企业层面，打造"小雨e家"太阳雨互联网生态系统，连接企业、经销商、用户三大构成，通过硬件、软件和服务实现企业平台化。经销商层面，坚持厂商一体化，与经销商一起经营好太阳雨的新老客户。员工层面，通过员工创客化让每一个员工成为自驱力、自增长的自燃型发动机，与用户交朋友、与订单打交道，为用户创造价值。

克莱纳在《管理百年》里讲道："管理上没有最终的答案，只有永恒的追问。"在全新的互联网时代，我们不断地探索持续成功之路，创造属于太阳雨的意义。

长出来的企业文化

修养,是一个人成长的灵魂。文化,则是一个组织发展的灵魂。《大学》有言:"物有本末,事有终始,知所先后,则近道矣"。修身是做人之本,文化便是立企之基,是根与魂。

企业文化是一个组织在长期发展过程中所形成的各种价值观念、思想原则与统一共识,它不是贴在墙上的标语,不是员工喊出来的口号,而是在企业实际经营过程中,起源于企业领袖的个人思想与管理意志,成长于企业发展过程中的各种经营实践与市场竞争,并深深扎根于经营团队的内心认同与具体行为之中,是随着企业的发展壮大而不断生长出来的一种外化于形、内化于心的精神资产,也是一种无法复制的企业软实力。

一、企业文化生于企业领袖

一个企业为什么而存在,存在的目的是什么?到底要做成一家什么样的企业以及实现怎么样的发展目标,这背后都取决于企业领袖的意志。为此,可以说有什么样的企业领袖就有什么样的企业文化,企业领袖的价值观直接决定了企业的价值取向。虽然,员工在企业中占据了主体地位,但企业领袖却占据着主导作用,是企业文化生长的源头。

我们董事长在创业之初就有一段话,一直激励着企业中无数的人。"太阳能产业是一个可以让我们奋斗终身的产业，是一个可以惠及子孙后代的产业，投身这个产业，我们感到无比自豪。"这段话的背后，流露出的是董事长那种敢于担当的责任精神和产业报国的感恩情怀，正是董事长有这种个人精神和家国情怀，才有企业后来"诚信、责任、感恩"的核心价值观以及"创世界名牌，做百年企业"的伟大愿景。

二、企业文化长于成功经营

企业面临的外部环境错综复杂，影响企业成功的要素也有很多，所以不能说有了优秀的企业文化就一定能造就成功的企业，这不是简单的必然关系。但企业在每个经营阶段的成功，离不开企业文化的推动，同时企业在经营上的飞跃亦能极大促进企业文化的发展。为此，企业文化一定是和企业经营融为一体并随着企业的成长而成长。可以说，企业每一个经营上的新阶段都是企业文化发展上的里程碑。

正如早年，太阳雨的核心价值理念只有"诚信、责任、感恩"六个字，但随着企业发展成为全球规模最大的太阳能热利用企业，尤其是在2012年登陆A股主板上市之后，整个企业的业务战略开始扩充，由原先的单一能源、单一热水业务开始跨入复合能源综合热能业务，全方位提供清洁热水、采暖、制冷、发电等一站式系统解决方案。企业的价值理念也由原来的六个字发展为十个字，在原来基础上增加了"开放"和"共赢"，而开放和共赢，既是企业在新发展阶段的经营手段，也是新发展阶段的追求目标与价值取向。在新价值理念的助推下，公司在纵向清洁能源板块和横向家居家电板块做了更开放的布局，并推动了一系列企业与员工、客户以及供应链间的各种互利共赢的机制。目前，正在向成为全球最大的清洁热能公司而奋力前进。

三、企业文化成于组织团队

每个企业都有各自不同的文化。但一个企业要真正形成自己独特而强有力的文化，必须依赖于企业所有团队成员对文化的认同并付诸实践的行为习惯，否则根本不可能形成真正的企业文化。员工没有发自内心对组织价值理念的认同，就不可能作出与之相符的企业期待的行为。而没有员工普遍行为的文化只能是虚假文化，是空中楼阁。

拿我们企业的感恩文化为例。大到国家，我们要感恩伟大的时代和强大的祖国，要为国家碳排放事业作出企业应有的担当与贡献；中到社会，我们成立了行业唯一一家国家级公益慈善基金，先后在贫困地区捐赠了1325座新能源阳光浴室，累计帮扶了711位太阳雨家人，让他们早日摆脱生活困境；小到员工，我们把母亲节作为企业非常重要的节日，给所有员工发放母亲节感恩慰问金，并将不孝之人列为企业人才选拔的黑名单。种种善举，早已融入团队中的每一个人，并日益成为很多员工的习惯行为。

企业文化不是一朝一夕之功，更不是一词一语之文。它源于企业最高领袖，贯穿于经营全部过程并深深扎根于组织团队之中。一方面，企业文化在不停地影响和塑造团队成员；另一方面，团队成员也在不断地诠释和成就企业文化。这就是企业文化与企业经营之间互养相成的关系。

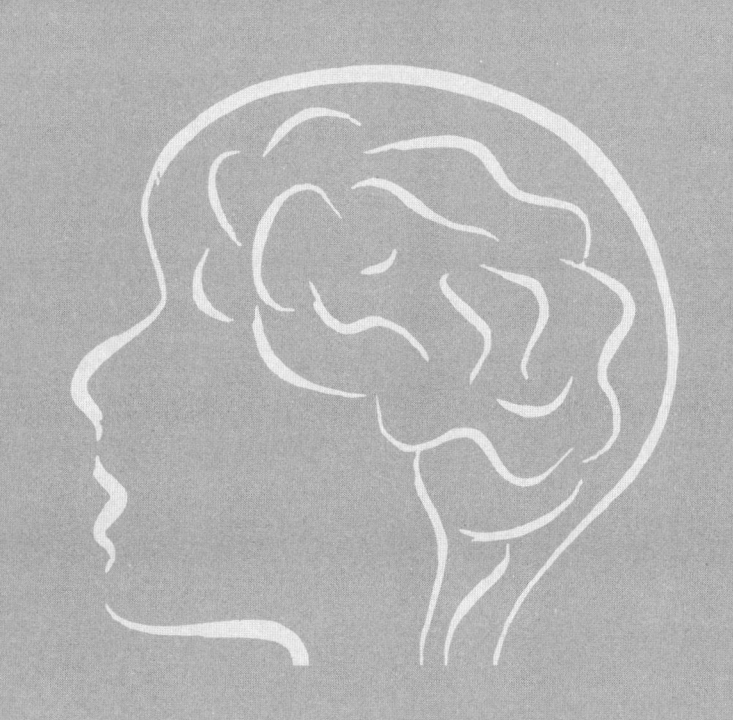

第五章
营销人:梦想照进现实

营销的信仰

前不久，在一次内部会议上，净水机的负责人向大家推荐第一款自主生产的新产品，负责人滔滔不绝地讲解着产品性能和价格的优势，在场的部分人却偷偷地露出意味深长的表情，我敏感地辨别出这种表情出于对营销语言的抵触和怀疑，当即就和大家探讨起来为何会有这样的反应。推销人和听众组成了典型的营销环境，在这种环境下人们顺势进入一种所谓营销的状态：言者真假参半，听者似信非信，双方最后会心一笑，默默在心中想着一个词"忽悠"。

"忽悠"这个词从小品的《卖拐》开始兴起，小品用夸张的戏剧化展现了一场损人利己的交易，观众开怀大笑后也潜移默化地被误导，生发了对营销的戒备心，甚至很多营销人在自己成为顾客时，也建立起不"被营销"的心理防线。有人认为营销就是忽悠，销售人员说的话要掂量着听。然而，营销与忽悠之间有着本质的区别：忽悠的目的是损人利己，而营销则是把优质产品以及所附加的美好感受传递给顾客。

消费行为作为人类经济社会的重要行为之一，承载着客观的使用价值需求和主观的精神感受需求两个层面，并且后者的分量在不断加重，消费的动机是为了构建更美好的生活，这种对美好生活的期望便是精神需求的表现。产品从工厂输出时仅仅具有使用价值，只有通过产品的包装、渠道的建设、营销人员的推广等一系列环节的营销运作，才能实现产品之上的价值增值，赋予产品所承载的精神内涵。单纯的商品只能满足使用价值的需求，而人们对美好生活的精神需求则必须通过商品之上的营销增值才能得到满足。可口可乐不仅仅是口味独特的饮料，更是神秘悠久的配方传说，也代表着畅快、热情的可乐文化，集结了一大批可口可乐的粉丝，这些的背后都是每一个营销环节的价值增值所共同筑造的。美好的生活是精神世界正影响的动力，营销则是在经济社会中营造和实现美好生活的一种手段。

　　总有一部分人对于产品成本之上的营销增值难以认可，秉持着类似"成本论""真实论"的观点，认为营造的都是假象，事物都应以"真实"示人，而实际上这种真实论的本质是消极的思想，是对美好的误解和抗拒。一个相貌平平但偏爱素颜朝天的女子并不懂得怎样经营自己的美丽，她所呈现的真实也并不是人们喜爱的真实，相反，一个懂得精致装扮自己的女性往往是发自内心地热爱美好，并呈现给身边的人。而真实论的拥护者往往将关注点放在浓妆、整容、PS等过分虚饰上，对美丽产生质疑和偏见，索性认为素颜朝天是最真实的美，这种思维实则是不能理解美好的含义，本质上是消极的思想。

　　前不久，在筹备新书《营销赢思维》的出版时，我将十几年的营销之路所创造的成绩归结为思维制胜的结果，在梳理回顾的过程中，更加清晰了自己对营销思维的理解：营销思维的本质是一种转化的思维，将消极的事物转化为积极的事物，是一种表达和创造美好生活的信仰。对一个营销人而言，积极的转化思维也是最基本的素养和能力，只有深刻理解营销思维的本质，才能在面对尚未打开的市场局面和各种阻碍时，坚定信念，达成目标。人们往往把对营销的认识局限在商业领域的推销，在我看来，从社会演进到文化形态，再到行事处世，营销的思维无处不在。人们通过创造和传播宗教文化凝结信仰的力量，宗教在一定程度上是对信仰的营销；我们歌颂梦想的力量，抗争现实的冷酷，将困难转化为梦想的动力，实质上是对希望的营销。时代的变革也是如此，中国共产党靠的正是"在死中看到生"的信念，才凝结了全中国的力量，创建了新中国。

品牌营销的核心便是企业通过创造社会价值来实现创造美好的社会使命，也就是说品牌最终所代表的是一种精神，并拥有一大批粉丝所组成的族群。组织行为学专家在考察美国宇航局的过程中，问一名清洁工："你是做什么的？"清洁工的回答让专家十分震惊："我是送人上月球的。"这样的信仰，让她不再是一名平凡的清洁工，而是灌注了让自己无比兴奋的能量，正是这种能量才造就了美国宇航局的实力。太阳雨的使命就是通过提供精湛的太阳能热水和净水解决方案，为每一个家庭带来绿色、健康的水生活系统，实现让阳光改变生活、用绿色还原世界的梦想，每一个太阳雨的粉丝都是这个美好使命中的一员。

电影《阿甘正传》中，妈妈说生活就像一盒巧克力，你永远也不知道下一个吃到的是什么味道。或许生活根本不是巧克力那样的香甜迷人，但正是这句话，让阿甘汲取着母亲给予的精神力量，成为一个传奇。营销的信仰，也是如此。

本色营销

前不久，我面试了几个应聘者，面试过程中我随性地与他们交谈。随着气氛慢慢轻松起来，我问了几个问题，其中一个是应聘者喜欢做什么类型的事情。每个人的回答不尽相同，有的喜欢做充满挑战性的工作，能不断发挥自己的创意；有的喜欢做严谨、细致的执行工作……在轻松的氛围中，还原了每一个应聘者最真实的本色，我得到了自己想要的答案，在心里默默敲定了销售助理的人选。

面试是招聘的重要环节，面试官所要做的是通过营造一个轻松真实的环境还原应聘者的本色，而不是古板地直接发问。多数应聘者会为了获得自己想要的职位而潜意识地破解问题，迎合面试官给出答案。在这样的情况下，面试官便不能准确地把握一个人的特点，而应聘者也对自己选择的职位不能正确认识和了解。所以，在选择人才上，我坚持一个观点：判断一个人是否适合一项工作，80%是天赋，10%是努力，10%是态度。企业对人才的培养也必须建立在这个基础之上，并不是任何人都能够成长为适合企业发展的人才，一个人的本色特征占了决定性的比重。

每当回顾起职业历程，我很庆幸自己顺应了爱好和天性选择了营销这条道路。大学时我的专业是硅酸盐工程，一门枯燥的纯理工科目，一向成绩优秀的我无论如何努力都没能在专业上出类拔萃。

到现在仍清晰地记得画图课程,我用了最笨的方法扎孔连线拷贝了同学的作业,才勉强通过。但在我喜爱的营销领域,却是硕果累累。我用课余时间辅修了营销管理,不厌其烦地阅读菲利普·科特勒的著作,同时在校园里进行着自己的营销尝试,从承办家教业务,到开设舞蹈课程和大学生影厅,我一手建立起大学生服务中心,在那个时候,我就被同学们亲切地叫作"陈总"。毕业后,顺利进入海尔开始了正式的营销人生,回头看去,这条"本色之路"无比清晰。

判断一个人是否适合做营销,需要深入了解他的性格本色。营销人的天赋特征,我总结了这样几点共性。

第一是对人感兴趣。营销是一门关于人的艺术。从表面上看,营销的对象是品牌和产品,但其实质更多是个人品牌的营销。一个善于推销自己、擅长灵敏捕捉他人意图的人才能够建立自己的影响力,并通过自己的影响力劝说顾客选择自己推销的产品,这不仅需要对品牌和产品有专业的了解,更需要对沟通对象有敏锐的洞察。在现实生活中,我们不难发现,很多时候人们是否选择产品与导购员的个人魅力密切相关,而这种魅力就是营销人的天赋特征。

第二是喜欢"劝说"。喜欢说服别人是一种独特的性格特质,相反,有的人却不善表达自己的看法,更不喜欢用自己的想法影响他人,后者是不适合做营销的。"诲人不倦"式的人,有着极大的热情去传达自己的观点,并影响他人接受自己的想法,这种特质是营销人必须具备的。

第三是不怕被拒绝。有了第二条的特质还要有不怕被屡次拒绝的意志,那些风靡全球的品牌无一不是从不计其数的拒绝中坚持下来的。如果霍德华·舒尔茨在被银行拒绝了242次之后就放弃了,那么现在不会有星巴克;如果沃特·迪士尼在他的主题公园设计被打回了302次之后就放弃了，那么现在就不会有迪士尼乐园；如果J·K·罗琳在稿子被无数出版社连续N年退回后放弃了，那么现在就不会有受到全球追捧的《哈利·波特》……这些品牌的开拓者身上都有着非同常人的坚毅，而对于太阳雨的营销人来说，情况显然比这些要容易得多。太阳雨的品牌高度为市场营销落地做了坚实的支撑，在这样的背景下，我们没有理由不去把品牌做得更好。

考察营销人员需要观察其本色中是否有以上三种特质，在市场营销中，同样需要将顾客内心潜伏的本色需求挖掘出来，这是一项看似简单但却极需洞察力的技能。脑白金就是一个典型的成功案例，它把中国人心中对送礼的本色需求很好地挖掘出来，并通过十年不变的广告持续加强，造就了保健品行业的传奇。因此，在开发产品卖点和广告语创作中，必须用同理心站在顾客的角度思索他们想要什么。太阳雨在三、四级市场曾有这样一条广告语：盖新房，娶新娘，要买就买保热墙。嫁娶是老百姓购买家庭设备的主要时机，这条广告语简单易懂且朗朗上口，充分抓住了顾客的需求，他们在乔迁、嫁娶需要购买太阳能的时候便自然想到了太阳雨。本色营销以顾客的真实需求为发力点，这个点往往是具体细微的，但却能释放出杠杆式的效应。

任何事情只要还原了真实的本色，找到其背后的机理，一切问题便迎刃而解，营销亦是如此。

营销人的两种气质

多年的营销经历赋予了我一种"超能力":在一些场合遇到素未谋面的人,我常常能一眼就看出对方是从事营销的同道中人。说起来有点玄乎,我能感应到对方身上那种营销人特有的气场。如果把这种气场具象化,就是营销人的两种气质——精神气质与能力气质。

精神气质,就是老百姓常说的"精气神"。一个优秀的营销人员,"精气神"处于万念俱灰与踌躇满志之间,看上去既有斗志又不浮夸,十分平和。营销人的精神气质,由正确的观念与积极的态度构成。

正确的观念,是指那些触及营销本质规律的理念。在战略层面,正确的观念是把大品牌按照小品牌的方式操作,始终将消费者的权益与经销商的利益置于企业的利益之上。2010年,自然灾害频发,在洪涝灾害较严重的安徽、四川等地,一些太阳雨经销商的货物被突如其来的洪水冲走或冲坏,给他们造成了严重的损失。情况反馈到我们公司后,秉持将经销商的利益置于企业利益之上的理念,太阳雨上下一致决定对受灾经销商给予一定比例的货款支持,以减轻他们的经济压力。在渠道层面,正确的观念就是坚持建设两级渠道。在太阳能光热行业,如果只有一级经销商,不足以支撑企业发展;发展三级经销商,则无法保障每一级经销商的利润。在促销层面,要搞清楚消费者不是喜欢便宜的商品,而是喜欢让自己觉得占到了便宜的商品。有了这样的认识，在终端做活动时就不会陷入盲目强调低价的误区。

积极的态度，其重要性无须多言。我从市场一线销售人员做起，深知在残酷的市场上，一线人员的斗志是怎样一点一点被消磨掉的。张瑞敏说过，不是因为有些事情难以做到，我们才失去了斗志，而是因为我们失去了斗志，那些事情才难以做到。我常跟同事开玩笑说，做销售的经历，让我习惯每天出门前先给自己打点鸡血充充电。在太阳雨最近的一次市场分享会上，一位大区经理谈起自己的工作状态时说："给点微弱的光芒，我们就应该前行。"于我心有戚戚焉。作为一名营销人，就该如此，让积极的态度为自己形成一个正面的能量场，吸引你周遭的人。无论是你服务的经销商，还是你面对的消费者，都更愿意与积极的人在一起，不愿意与消极的人为伍。

精神气质决定了一个人看上去是否积极，而能力气质决定了一个人看上去是否精干。能力气质强大的人，身上有一种举重若轻的笃定与处变不惊的沉稳，仿佛一切尽在掌握中。营销人的能力气质，由科学的方法和贯彻的执行构成。

在我看来，一个人的核心能力是解决问题的能力。解决问题需要依靠科学的方法。

在太阳雨，我们有一个针对市场的"方法库"。比如，培养业务人员的方法是"6会法"：让每个业务人员会安装、会卖货、会招商、会搞活动、会谈工程、会培训。

分析销量下滑的方法是"7条法"：组织、网络、政策、促销、服务、产品、定价。这7条有先后之分，顺序不能颠倒。组织第一，销量下滑的首要原因便是组织出了问题，即人出了问题。我们有很多鲜活的案例，同一个市场，被一个人搞得乌烟瘴气，换成另一个人做，没过多久就风生水起。网络第二，网络是市场的脉络，也是销量增长的原动力。太阳雨的一级经销商和二级经销商2010年上半年分别增加到342家、8458家，这是我们销量取得突破性增长的核心原因。聂鲁达有诗云："当华美的叶片落尽，生命的脉络才清晰可见。"市场的脉络不像生命的脉络那样浑然天成，需要人主动地去搭建与扩展，建好后还要不断地强身健体。政策第三，政策是对市场的宏观指导，要留给市场足够大的发挥空间，同时注意横向比较，与主要竞品在政策上相去甚远会影响销量。促销第四，生命在于运动，太阳能的生命在于活动。2010年上半年太阳雨共举办城乡联动活动7300余场，月均1000场以上，对销量的提升起到了直接作用。服务第五，服务要对市场进行鼎力支持，尽全力让消费者和经销商没有后顾之忧。产品第六，产品线的设置要在符合市场需求的前提下不断创新。定价第七，以上六条都是定价的基础，从某种程度上决定了你的定价能否被市场接受。

100-1=0，贯彻的执行就是那个1，没有贯彻的执行，观念、态度、方法都是白搭。在市场分享会上，有的业务人员上台后紧张得说不出话，还有的一上台就夸夸其谈，这两种人在市场上都执行得不够彻底。那些站在台上神情自若地分享自己得意之作的人，才是执行力强大、操作市场得心应手的人。

精神气质与能力气质相辅相成，前者是后者的动力，后者是前者的基础。当精神气质低于能力气质时，能力的提升就缺乏底蕴与后劲；当能力气质低于精神气质时，容易空喊口号不作为，变得神经兮兮。早年《新周刊》那个有名的专题《有种病毒叫成功》，说的就是过分强调精神原动力的成功学把人弄得神经兮兮的现象。能力气质的修炼与精神气质的拿捏，都不是一朝一夕之功，唯有在实际的市场操作中不断磨炼，才能集两者之大成，形成营销人特有的气场。

营销人的三种能力

前几天，太阳雨召开大区负责人述职会议，我发现太阳雨大区负责人的队伍越来越年轻化，最小的是"85后"。不能不说，太阳能热水器这个新兴的新能源行业为他们提供了绝佳的职业机会。在传统的消费品企业，要想担任同样的职位，无论年龄还是资历都有更高的要求。然而，随着太阳能行业高速发展，企业对他们能力的要求越来越高，要想在营销的道路上渐行渐远，成为合格的营销管理人才，我认为他们需要具备营销管理、资源整合与市场应变能力。

第一种能力是营销管理能力。按照菲利普·科特勒的经典理论，营销管理即分析、计划、执行与控制。

分析的内容包括现状如何、目标是什么、目标与现状的差距、问题在哪里、如何解决问题、何时解决、谁去解决等等。四川是天然气大省，当地政府出台了天然气使用优惠政策，大大降低了当地人对太阳能热水器的需求。我们通过分析发现了这一问题，果断将阵地转向天然气管道尚未建设完成的地区，在四川市场依旧取得了喜人的增长率。有人喜欢强调现状的局限性，比如自然条件恶劣、自己负责的省份雨雪太多不适宜使用太阳能热水器……纠结于目标与现状的差距，不去发现问题，自然无法解决问题。

计划是为了找到运作市场的"抓手"。计划的关键在于合理。2010年我们一个区域市场的销售增长率为计划增长率的2倍多，但我还是批评了这个区域市场的负责人。因为他在制定年度销售计划时低估了市场潜力，提货量超出计划数量太多，给生产部门带来了压力。合理计划的重要性由此可见一斑。

执行，关键是由上而下的贯彻。

控制，对象是人和信息。管理、控制营销人员在市场上的表现，把握产品信息、服务信息和经销商信息，平衡各种因素，实现效益最大化。

第二种能力是资源整合能力。畅销销售小说《做单》在开篇就指明，工蜂一样的初级职员和资深人士最大的区别就在于资源整合能力的强弱。资源整合的途径有三种：横向整合、纵向整合和斜向整合。

横向整合，向公司内外同级别的管理人员学习。你负责这个市场，看看其他市场的负责人是怎么干的；你在销售部，问问市场部的人对这个问题是怎么看的；你运营这个品牌，学习其他同行的成功经验……

纵向整合，向你的上级和下级求教。上级的经验自不用说，下级在终端深耕有可能给你意想不到的启示。我常常对市场部负责制定政策的人说，不要在办公室里闭门造车，要多听一线业务人员的意见和建议，智慧来自民间。

斜向整合，就是学习和借鉴其他行业的经验。对于太阳能热水器行业来说，家电行业和厨卫行业是很好的学习对象。家电行业的过去是太阳能热水器行业的现在，家电行业的现在很可能就是太阳能热水器行业的未来。我们太阳雨一个做平面设计的小姑娘经常到公司对面的国美溜达，每次去都带回一堆家电产品的单页和画册，学习家电品牌的产品视觉化设计，这就是斜向整合意识的表现。太阳雨联合长安汽车，为经销商添置1万辆送货车；与联想电脑签署战略合作协议，为经销商录入家电下乡补贴卡提供硬件支持；联合平安保险，为太阳能安装工人购买10亿元保单；与邮政储蓄合作，为经销商提供小额贷款资金支持……一系列异业联合举措就是斜向整合。

第三种能力是市场应变能力，总部的资源、分部的资源、经销商的资源是既定的事实，在此基础上，谁能够在市场上灵活应变，谁就能在同等条件下获取最大的收益。市场应变讲究的是效率、效益与效能。

效率，即对市场变化快速做出反应。每当太阳雨的某一分部推出了某种好的营销模式，我们都会在第一时间将其推行到全国市场，让竞争对手模仿失去先机。我们每天和竞争对手比这比那，其实归根到底比的都是速度。

效益就是利润。也许你对市场变化能够快速做出反应，但是你干的都是赔钱赚吆喝的事，这就是无效益、负效益。每一个人都要有成本意识，无论是媒介购买还是开展公关活动、促销活动，都要想方设法让成本最小化。历史上以少胜多的营销案例都成了经典案例。营销的乐趣就在于以小博大，而不是外行人臆想的一味砸钱。

效能，指的是做事的程度有多深。太阳雨有一个不成文的规定，每一场小活动都要当作大活动来操作，每一场小会议都要当作大会议去准备。在乡镇做促销活动时，我们会拿出在县城做活动一样的气势，使执行更到位，效能最大化。

营销职业生涯的瓶颈往往出现在环境需要你的专业能力向综合能力进阶之时。一般说来，销售部出身的人容易应变有余，整合不足，缺少全局观的视野；市场部出身的人容易整合有余，应变不足，少的是对终端的了解与判断。而补上自己欠缺的能力，最终掌握营销管理的密码，拥有独立操盘的能力，是每个营销人的终极追求。

营销经理人的六项修炼

前不久，我没有提前告知父母，"偷偷"回了家乡一趟。在湖泊边的田埂上，我看到母亲在拾柴火。那个画面让我心生内疚，我一边哭一边挑着柴火回家，八九十斤的重量让我很吃力，母亲却说不重。回家后，我发现家里的柴火已经堆得很高，有一些都烂掉了，但母亲还在不停地往家拾。我想，她之所以这样做，是因为她对生活始终有种无法摆脱的恐慌。尽管子女给了她钱，她也不舍得花，只有劳动才能消除她的恐惧，所以她就不停地干活。母亲是千千万万农民的缩影，生下来没有钱，又没有太强的赚钱能力。

如果按照钱的多少及赚钱能力的强弱把人分成四类，母亲这般既没钱又没赚钱能力的，就是最基础的劳动者；有钱没能力的，是那些挣了点小钱却发展不大的小老板；有钱又有能力的，是那些有远见卓识的企业家；而没有太多钱，但是通过教育拥有赚钱的能力，这类人是帮别人做事的人，也就是打工者，属于经理人的范畴。所谓"职业经理人"，在我看来，并不是一个职位概念。只要自我经营意识强，基层打工者也是职业经理人；如果自我经营意识弱，哪怕混成CEO，也只能算业余的经理人。在太阳雨营销系统内，我要求人人都以职业经理人的标准要求自己。成为一名优秀的营销经理人，要经过六项修炼。

第一项修炼是信仰。柴静有一篇文章《人最大的痛苦就是心灵没有归属》。有信仰的人，心灵有所归属，不会像行尸走肉一样活在世上。他有自己的行为规范，也有自己的追求。这种信仰可以是一种宗教，也可以是一种信念。每个人可以自己去体悟，去寻找属于自己的信仰。以此为基础，找到自己的职业方向。

第二项修炼是品格。品格即品质与性格。专家说人的品格早在6岁时就已经形成，后期只能进行有意识的调整，不能彻底改变。我对这种"调整"的理解，就是去直面自己的阴暗面，通过自己和自己对话，与自己握手言和。

第三项修炼是态度。有同事说，每次营销例会听我讲话都觉得激情万分，但不到一个月的时间，就需要听第二次了。他的态度就是不合格的，只能靠外界的持续刺激，收效甚微。罗永浩为了成为新东方的老师，成功学的书论斤买，但他自己说，那些东西是用来打鸡血的，只能陪伴一个人完成阶段性目标。一个人的思想是乐观还是悲观，早就形成了。态度的革命很重要，但态度的革命很难。在我们的团队里，能一起做事的人必定是积极的人。有相似价值观的人聚在一起，其他的人会被慢慢淘汰，或归为另一个团队。

信仰、品格和态度是价值观层面的，在短期内很难得到改善，只能在工作、学习和生活中不断有意识地修炼；后天比较容易改变的，是另外三个方面：知识、技能和经验。

第四项修炼是知识。营销经理人要懂得管理学、经济学、战略管理学、组织行为学和变革管理学五项基本知识，以及市场营销、财务管理、人力资源管理、运营管理和创新管理五项工具性知识。我们要进行个人知识管理（PKM），积累、扩大自己的显性知识和隐性知识，建立个人知识库，把知识作为资产来管理。

第五项修炼是技能。第一类是个人技能，集中体现为一个人解决问题的能力。我认识一位高管，如果有经销商把问题反映到他那里，他就会给那位经销商所在的大区负责人负激励。原因很简单，你自己区域的问题，要自己解决彻底，遇到问题只知道找上一级，是渎职的表现。第二类是合作技能。在团队里沟通和合作是法宝。一次，我在会议上批评了一位不在场的同事，然后她的领导就把我批评她这件事直接传达给了她。我十分怀疑这种传达的效果。一个基层工作者，乍一听说被高管批评了，不明就里，会低落很长时间。那位干部在传递我的话时，应该就事，告诉她哪里做得不对，而不是就人，劈头盖脸就说你被骂了，这样对于工作的改进一点作用也没有。在团队合作中，要以效益最大化为目标。第三类是领导技能。管理者的特点是需要通过别人来完成工作，理清工作思路，抓住重点人物，教他们干你想干的事。

　　第六项修炼是经验。对于每一位入职的新人，太阳雨都会把他先"扔"到市场上，因为经验这个东西学不来，只能自己去总结。就好比开车，无论你看了多少书，或者别人跟你说得再多，只要你没摸过车，就不会驾驶。做市场也是一个样，你自己不去卖货、不去搞活动、不去安装、不去培训、不去谈工程、不去开会，只知道听别人介绍经验，一定不知道到底该怎么做。我常跟业务人员说，一定要重视一线作战的经验，它是惠及一个人整个营销生涯的财富。

　　知识为先，其次是技能，然后是经验，再加上价值观层面的态度、品格和信仰，这就是营销经理人的六项修炼。《非诚勿扰2》说"活着就是修行"，其实工作就是修炼，我们在日复一日的工作中，成为更好的自己。

看人的六个面

我经常在公司干部会议上谈起这个话题，就是我们不要总是试图去改变一个人，不论在工作中还是在家庭中，我们唯一能改变的就是我们自己。正如网络上流行的那句话："想改变自己是一种精神，想改变别人是一种精神病。"

我们不去改变人，但要能识别人。在这些年的经营管理工作中，我总结了看人的六个面，这六个面被广泛地应用在公司外部人员引进和内部人才选拔上。多年下来，也成了企业文化的一部分。

一、正与负

正与负，指的是看法层面。这是一个人价值理念的底层思维。

面对同样的环境，你的看法是积极乐观的，还是消极悲观的；面对不确定的未来，你的心态是正向主动的，还是负向被动的；面对错综复杂的问题，你是在问题中找机会，还是在机会中找问题，这都反映了不同的人对同样的事物所秉持不同的看法。叔本华有句名言："事物本身并不影响人，人们只受对事情看法的影响。"说的正是这个道理。

2021年公司组织经营计划研讨会，我们热水器公司总经理在汇报新一年销售目标时，他不但没有把下达的年度目标零头去掉，而是主动加码将其取整后作为自己的目标。这背后体现的就是一种正向思维，一种对未来的信心。用他的话说，这些年在太阳雨工作，从来就没担心过收入问题，所以敢于接受高目标，这不但是对自己的信心，更是对组织的信任。

二、深与浅

深与浅，指的是想法层面。这是一个人认知水平的内在逻辑。

大到企业战略规划，中到年度经营计划，小到具体项目操作，无不都体现着我们的想法与思路。同样是年度经营计划，有些部门长的汇报思路清晰、逻辑严密、有高度也有深度。而有些人就会云里雾里，都是点状的、碎片化的。一轮汇报下来，每个干部之间的水平差异就一目了然。

记得京东集团首席战略官廖建文教授在长江校友会的一次演讲中就提到："所有的极限都来自我们认知的局限。"这句话，我高度认同。早些年，我也讲过，我们的认识有多深，呈现就有多深。表达的是一个含义。

我觉得，一个人认知水平的提高主要是靠三个方面：一是走出去，要到外面的世界去拓宽视野和眼界，提升对环境的洞察力；二是走上去，要与更高层面的人去交流与学习，提升对未来的思考力；最后就是走下去，要深入一线到最基层去发现问题背后的问题，提升对问题的判断力。

三、实与虚

实与虚，指的是打法层面。这是一个人落地能力的具体体现。

再宏伟的蓝图、再精妙的构思，若不能将其落地变为现实，都是一场空。而看一个人到底是真把式还是假把式，一个重要的途径就是看他的落地能力，落地能力就是把蓝图变为现实的本事。正如

2020年公司专门引进中科大的高才生并签约外部咨询公司来共同推进独立经营体项目，我对他们的要求只有一条，就是把独立经营体项目真正在太阳雨落地落实，通过组织的变革和机制的力量来推动企业新一轮的发展。而此轮项目能否成功，考验的就是他们的落地能力。

我在内部会议上也提出："对标对表找差距，聚焦聚力强落实"，就是在不断强化团队的落地能力。我还要求核心干部必须亲自深入一线，主动去下个订单、盯个交期、装个店面、安套产品、谈个工程、搞场活动等，要切实地到一线中去发现问题、分析问题、解决问题。也只有这样，你才能发现元问题、采取元措施、构建元认知。

以上六个面，就是我这些年来看人的一种视角，其实也是一个人的成长框架。我们的清洁热能产品公司总经理应该说就是这六个面中为人正向、思考深入、工作务实的典型代表。

而看法、想法和打法三个层面，对应的正是宏观的视野、中观的布局和微观的动作。对待看法，我们要对自己有底气、有信心，始终抱有正面、积极的心态；对待想法，我们要有趣，即思路有新意、有创新，能打破常规、出奇制胜；对待打法，我们要有料，即要有真才实学、能真抓实干，方能真正有所作为、有所成就。

能力向上，耐力向下

初入职场的人往往会有这样那样的困惑，诸如这个岗位不能施展自己的才华、工作都是琐碎不重要的小事等，这个时候我总会给他们讲这样一个真实的故事：我弟弟大学时主修国际贸易专业，成绩优异，毕业后顺利进入一家外企做贸易，第一年他向我抱怨要辞职，每天例行的琐事根本不是他心中的外贸工作，我颇为严厉地让他继续学习；第二年他的抱怨少了一些，但仍想跳槽去一家自认为更好的公司，我建议他稳住；第三年没有再听到他抱怨。一次我和他聊起来，问他怎么听不到他抱怨了，他得意地用四个字总结自己的工作状态——渐入佳境。现在的他已经是公司的中层管理者了。弟弟的故事是身边很多年轻人正在经历的，如何应对职业发展中的困难和疑惑，就要看个人的"能耐"了。

我所说的能耐二字包含的便是"能力"和"耐力"两个方面，能力要不断向上，在循序渐进的学习中提升个人的专业技能，形成核心竞争力；而耐力则要向下，在具体的实践中运用自己的能力，沉下心来积累和磨砺。只有这两个力相互结合、双向提升才能打开个人职业发展的空间。

有能力没耐力，能力就只能悬在半空，难以创造价值。职场中不乏有能力没耐力的人，这种类型的人往往容易陷入理想化的怪圈，对个人能力过于自信，而对细微的工作执行缺乏耐性，把自己的不成功归咎于怀才不遇，以不合适为由继续寻找"适合自己"的工作。这种"不合适"的背后实则是不能坚持，逃避工作的磨砺和积累，这种类型的人最终也不可能找到自己心目中的合适工作。好记性不如烂笔头，即使是各领域的天才也不能单靠天赋就创造出卓尔不群的成就，在青年钢琴家郎朗30岁生日时，他的父亲郎国任出版了《我和郎朗30年》一书，讲述了他"部队作风"的练琴教育方式。在郎朗懈怠的时候，是父亲的严厉和苛刻让他坚持了下来。练琴是一件枯燥的事情，即便拥有极强的音乐天赋，如果没有耐力也很难成为一名杰出的钢琴家。当下太多人过分强调能力二字，更是有很多能力突出的人遭遇怀才不遇的局面，其中最重要的原因便是缺乏耐力。

有耐力没能力便会落入平庸，成为"老雏鹰"，有着长年工作履历，但能力却始终停留在雏鹰阶段，没有显著提升。任何工作岗位都有其对应的专业能力体系，能力的向上发展便是不断更新思想观念，丰富专业技能和经验。对于营销人员来说，首先必须掌握营销的专业理论体系，在这些基础之上，我归纳了营销人的两种气质、三种能力和六项修炼等，这些共同形成了太阳雨营销团队的能力体系，是一个优秀的营销人员所必备的技能。

好市场是聪明人下笨功夫做出来的，聪明人指的就是有能力的人，对市场有独到见解，能够探索出开发市场的新思路和新方法；笨功夫指的便是耐性，能够常年扎根在一线市场，吃得了苦，顶得住压力和挫折。太阳雨渠道优势的建立离不开营销人员的能力和耐力，能力是可以复制和学习的，而耐力并不是每个团队都能够做到的，善折腾、敢吃苦、能坚守的信念是太阳雨营销团队最核心的竞争优势，这样的团队精神是别人很难复制的。

市场运作方面，全新的营销模式更是需要能力和耐力结合。在河南市场，太阳雨营销团队根据当地市场发展状况创新了一种名为"拉网行动"的促销活动模式，充分利用渠道网络资源，进行地毯式的彻底搜罗，在开发成熟市场的业务中产生了巨大的拉力。这种促销模式的开发需要很强的市场洞察力、营销经验和创新意识，是能力的体现。而在开展拉网行动的过程中，我们发现更加难能可贵的是执行中的耐力，挨家挨户走访考验的是每一个营销战士的耐力，没有这种军人般的毅力，再好的促销模式也不能创造出其应有的效益。

回顾十几年的发展历程，在技术和营销比翼齐飞的理念下，太阳雨不断掌握和开创太阳能行业的领先技术和营销模式，以领导者的身份引领行业发展。在接下来的战略规划中，我们将继续扩展以光热为核心的战略性新业务，配合机制创新，继续推动能力向上。在太阳能行业从无到有、从小到大的曲折发展进程中，经历了难以避免的质疑和非议，我们用太阳雨人独有的毅力始终坚持在市场一线，将继续用行动证实光热行业无可争议的未来前景。

年轻人的成长三部曲

上个月，来自全国各地不同高校的90后大学生如期报到，太阳雨集团正式迎来2021届校招生，这是企业一直以来重视年轻人的重要举措，也是我们坚定不移的人才战略。入职报到的第二天，人力部门就组织了"2021届校招生总裁见面会"。会上，我给大家分享了自己大学毕业至今的成长历程，在众多学生中引起了热烈的反响。回望自己这些年的职业发展，我简单将其总结为三个方面，暂且把它称作《年轻人的成长三部曲》。并以此分享给所有的年轻人，希望能对大家有所帮助。

一、心上的强大自信

在太阳雨集团，本科以上学历的比重近80%，这个主要和我们招人一直强调的三个背景有关，分别是家庭背景、教育背景和职业背景。虽然良好的教育背景不一定就等同于很强的个人能力，但良好的教育背景往往可以树立起一个人强大的自信。

一个人，唯有发自内心真正的自信，才能由内而外地迸发出强大的自我驱动力，才能将自己不断地从一个胜利推向下一个胜利。自信，还是我们面对困难、挫折和挑战时最好的免疫力。记得早年，作为一名刚毕业的大学生，我在突然接到广交会项目的超级挑战时，顿时感到巨大的压力。但最终之所以能顺利地完成任务，除了前辈给我的指引，我想更重要的因素还要归功于对自己的自信。

王阳明先生曾言："圣人之道，吾性自足。"这句话背后正是揭示了我们每个人心中都蕴藏着巨大的潜能和无尽的宝藏，只是我们很多人没有将它点燃，没有将其开发。深受王阳明思想影响的日本经营之圣稻盛和夫先生就曾将人分为三种类型：自燃型、可燃型和不燃型。其中自燃型的人就是那种拥有强大自信心，不需要别人点火就可以熊熊燃烧、自我驱动的人，而这类人也正是企业急切渴求的人才类型。

强大的自信，是一个人真正走向成长的基础。

二、脑上的正确认知

在我的职业成长历程中，我一直秉承这20字方针："正确的观念、积极的态度、科学的方法、贯彻的执行。"其中正确的观念是第一位的，而所谓的观念背后，其实就是一个人思维方式的反映，也是一个人认知水平的体现。

在确定今年2021届校招生报到时间时，我坚定决策将报到时间提前一周，从而让全体学生能参加在我们公司组织的"2021碳中和高峰论坛暨清洁热能发展大会"。事后也充分证明了当时决策的正确性。此次参会之所以得到了学生们的高度评价，正是极大提升了大家在清洁热能领域的专业认知和行业视野，这种机会是非常难得的，经历了如此高规格的行业大会，他们也更加坚定了自己所选择的行业和企业。

可以说，我们所有的极限都来自认知的局限。当我们的个人成长遇到瓶颈时，其实正是我们的认知天花板限制了我们成长的高度。我们很多人都是被关进了自己认知框架的囚笼之中，只是我们不知道。就像我在一篇专栏中提到的那样：面对同样一条消息或一件事情，有些人看到的是问题，而有些人看到的却是机会，这就是认知上的巨大差别。你有什么样的认知，就会有什么样的行为，继而获得什么样的结果。唯有不断拓宽自己的认知水平，才能打开我们的成长边界，让自己进入一个前所未有的发展新天地。

正确的认知，是一个人能否持续成长的前提。

三、手上的深入磨炼

不论我们练就了多么强的自信，拥有了多么高的认知，最终还要落实到工作的实践与具体问题的解决中来。如果说真理要通过实践的检验，那么人才就必须要通过事情的磨炼。尤其是对于我们刚毕业的年轻人来说，俯下身、头拱地的不停地去做事就是最好、最快的成长路径。

我之前在代理商年会上做过一次演讲，主题就是《从批判走向建设》。当下，我们有不少年轻人，喜欢谈问题、经常爱抱怨，往往是想得很多，但真正做得很少。这就会出现让自己飘在空中，成为一个空心人。大家一定要知道，做一名旁观者、评论者是很容易的，但却没有任何价值可言。唯有立足当下、直面现实、扛起担当，做躬身入局的建设者，做价值创造的贡献者，才可能让自己跨越成长的台阶，步入成功的行列。

深入的磨炼，是一个人能否跨越成长的关键。

写到此，我脑海中突然浮现了王阳明先生的一段话，也以此作为本篇文章的结尾，送给所有的年轻人。"金之在冶，经烈焰，受钳锤，当此之时，为金者甚苦。然自他人视之，方喜金之益精炼，而唯恐火力锤煅之不至。既其出冶，金亦自喜其挫折煅炼之有成矣。"

稻作性格和电玩性格的差异与共融

《刺客聂隐娘》上映之际，我欣然前往观看，期待享受戛纳国际电影节最佳导演奖的大作，但坦白说，当时愣是没看懂，影院离场率也是我所经历最高的，这对一个自诩为电影爱好者的人来说是一次不小的打击，文艺片在大众院线的冷清与商业片的红火形成了极其鲜明的对比。无独有偶，罗辑思维推送过一篇题为《〈笙箫默〉的嘚瑟和王小帅的乞讨》的文章，精确剖析了这个怪圈现象，"王小帅们仍然秉承传统手工匠人的制作电影模式，写出一个好故事、寻找合适故事和人物的演员、封闭式地认真拍摄，然后送入院线撞大运"。而以《何以笙箫默》为代表的商业电影新物种则借助社会化、大数据和娱乐营销的大潮，精密筹划，最终获得了漂亮的投资收益。

一部没看懂的高冷古装片折射了电影市场中文艺片与商业片的鸿沟，也再次启发了自己近期一直在思考的问题：稻作性格和电玩性格的差异与共融。这两种性格的定义源于郭宇宽老师的文章《稻作性格与电玩性格》，兴奋依赖型的电玩性格比较容易理解，稻作性格则是长期在水稻田里劳作养成的性格，稻作性格的人大多是80前，讲究精与恒，而80后多数是电玩性格，崇尚泛与快。从性格特质的角度剖析，惊骇的富士康12连跳悲剧事件的根本原因不是现在的工作条件比以前差，而是伴随着电玩长大的这一代人，早已适应了游戏不断通关升级的状态，无法忍受工作的枯燥与乏味，而在未来，机械的流水线工作也将被大规模的机器人应用所取代。企业在面对互联网时代的挑战与转型时，往往最大的障碍就是人，工业时代的主体人群是稻作性格，互联网时代则是电玩性格，两种类型的人群各有优劣势，在企业组织管理中的差异化特性逐渐凸显，传统的管理理论与机制逐渐显露出无力感和弊端。唯有打通两者，凝聚共性，才能将组织的创造力发挥到最大化。

首先，在理念上，我主张双方要讲和。每个企业往往都烙印一个时代和一批人的特性，当新一代逐渐庞大时，对新理念与模式转变的应对就变得至关重要。《阿凡达》中潘多拉星球上的高级智慧生物，通过露出体外的神经系统，与灵魂树和女妖翼兽的触角对接来实现精神交流和感知外界变化，这一细节流露出人们对完美沟通的渴望。电玩性格是当下和未来的主流趋势，而目前经济社会组织的发言权和决策权大多掌握在稻作性格一代人手中。讲和就是要以同理心的视角，站在对方的立场去理解和接纳，相互认可和欣赏彼此的优质特性。美琳达·盖茨在 TED 大讲堂中果敢地倡议非营利性组织应该向遍布全球的可口可乐学习营销策略，通过主动出击和 local approach（局部法）等营销策略，把公益带到世界的每个角落。

其次，在机制上，要不断探索和革新。马克斯·韦伯的科层制组织架构在企业管理进程中有着重要意义，而过度的科层化会使个体在情感、精神世界和本能等方面感受到源自体制的压力。陈春花教授在《激活个体：互联时代的组织管理新范式》中指出，互联网时代下人们不再轻易把自己固化在一个组织或者角色里，而是依赖于自身的知识与能力，期待自由、自主和非雇佣关系；成员与组织之间也不再是层级关系，而是合作关系，甚至是平等的网络关系。

◎稻作性格和电玩性格的差异与共融◎

这对管理者来说无疑是一个巨大挑战,海尔率先通过创客化拆掉科层制的组织架构,从以往的听从上级指挥,到为用户创造价值,员工转变成创业者,组成小微创业企业,共同创造用户和市场。

正如《刺客聂隐娘》的主题曲《一个人,没有同类》,侯孝贤的任性可以在业内获得专业口碑的礼赞,无谓浮躁的商业利益。而企业作为自负盈亏的经营体,却不能有丝毫的任性,唯有接通新时代的脉搏,拥抱新一代,不断扩大自己的阵地,才有未来。

好市场是由聪明人下笨功夫做出来的

2011年年初的时候，我在做组织架构的调整时，把市场上部分区域的负责人对调了一下。每个人在心理上对自己的"舒适区"都有一定的依赖。因此，离开自己一手做起来的市场，这些区域的负责人多多少少都有点不舒服。之所以有这样的调整，是希望他们不要只在自己那一亩三分地里吃老本，新的市场好比新的战场，有更大的空间让他们来立新功。如今一晃半年过去，市场调动也初见成效。有趣的是，明明是同一片市场，在这个人手里的时候是一片盐碱地，到那个人手中却变成了一片花田。我越发地觉得，于市场而言，起关键作用的是人。但凡发展状况好的市场，都是由聪明人下笨功夫做出来的。

一个人是否聪明，要看他做人做事的方法。我个人对聪明的人的定义是：做人正，做事奇；做人柔，做事刚；做人天真，做事世故；做人诚恳，做事精明；做人懂得后退一步，做事明白前进一步。

笨功夫就是脚踏实地的执行力，是一种在终端市场"头拱地"的实干精神。组织建设要下笨功夫，用一点一滴的小事去凝聚人心，使团队具有向心力。网络建设要下笨功夫，一个网点一个网点地填补空白市场，通过精耕细作建设自己的阵地。政策制定要下笨功夫，针对市场宏观的大方向和微观的细节的变化，以及竞争对手的最新动态，制定出相应的政策来应对。终端促销要下笨功夫，活动一场接着一场做，不停地在终端营造品牌的声势。客户服务要下笨功夫，录入每一位用户的档案，回访每一位用户对产品的使用体验。产品线状况要下笨功夫，记牢每一种产品的性能与特点，在脑袋里形成品牌的产品全景图。

我们有一位大区经理，是"聪明人下笨功夫"的典型。他是个聪明人，运作市场比较有思路，有一套自己的"渔网理论"：先在市场撒大网，网大鱼；几网过后，大鱼网得差不多了，就将网眼缩小变密，开始网小鱼。笨功夫他也做得很足。每每市场要出新政的时候，他总会亲自与所在区域的每个经销商提前进行沟通，跟经销商们探讨当下行业的最新发展态势，以及应该如何应对可能发生的危机；向经销商解释为什么采取这样的对策，说明如果现在还为时尚早，那么在不久的将来也一定会这样做。每个经销商的思想工作都做好以后，当政策真正开始执行时，经销商的说服工作就变得非常容易。因为他早已为政策的宣贯做好了铺垫。同样的政策，在不同市场的执行状况却大不相同，根源就在于之前的笨功夫有没有做足。2011年上半年，这位大区经理所辖区域有位县级经销商，只用了不到半年的时间，销售额就突破了1000万。这个经销商代理我们的品牌已经有十个年头了。十年来他一直在当地为品牌的渠道和促销做各种铺垫，2011年加大活动力度后，销量一下子就有大规模提升。十年的笨功夫，才积累成了今朝的一次质的飞跃。像这个大区经理和这位经销商这样既聪明又肯下笨功夫的人，是企业的财富。

有的人自恃聪明，却不愿意下笨功夫。因为自觉对市场已经了然于心，所以将市场没有起色完全归因于各种客观条件。他们在汇报工作的时候，特别喜欢强调当地气候如何如何不适合安装太阳能热水器，或者当地经销商如何如何不合作，总之就是一切都是外界的不是，没有他的过错。这样的干部往往会在企业的发展中被渐渐淘汰，即使不被企业主动淘汰，也会被市场被动淘汰。

有的人倒是愿意脚踏实地下笨功夫，但是脑袋不灵，不知道市场的首要问题在哪里，也就无法将各种问题先排好优先顺序再一一解决。他们看似勤勤恳恳，每天加班加点熬夜苦思。但这种类型的人很容易被市场上的小问题绊住，在一个不重要的环节上耗费大量时间与精力，错失解决关键问题的时机，影响市场的发展。这样的干部需要在肯定其付出的基础上加以引导，才能更好地为企业所用。

最后一种是既不聪明也没下笨功夫的人，我形容他们是"笨人下看似聪明的功夫"。平时在给干部开会的时候，我常常把有启发性的文章与他们一起分享，结合自己的经验去谈一些感受，为干部在精神层面做出引导。最近我听说，有的干部也模仿我的这种做法，开会只读读文章，不讲市场作战规划，也不讲市场作战经验。这就完全成了东施效颦，看似是在给下属精神指引，其实是在图省事。这样的干部，通常是企业首先淘汰的对象。

常常有人会被指"太聪明"，之所以前面加个"太"字，恰恰是因为不够聪明，没聪明到做事的层面，下笨功夫把事情做出来。聪明人下笨功夫，盐碱地也能开出玫瑰花来。市场如此，其他的事情又何尝不是呢？

接下来该做什么？

接下来该做什么？

每逢岁末年初，这个问题就会萦绕在很多人的心头，不管想得清楚想不清楚，它总在脑海的某个角落里，时不时蹦出来让人分神，许久都挥散不去，常常会延续整整一个过年季。

普通员工关心的是个人发展，年底跳槽是职场的普遍规律。年末例会上，我笑言道："这个时期，大家的眼珠都转得快了起来，各种心思也都活络了起来。"元旦那天，我在办公室里整理东西，把不用的文件、物品进行清理，相当于"辞旧"；然后在办公室里静静地想"接下来该做什么"，算是"迎新"。元旦假期结束后的第一个例会，我把自己所想到的各部门"接下来该做什么"讲给中层干部们听，希望他们传达给各自的下属，让公司的每个人可以制定相应的个人发展规划。

企业主和管理者们关心的则是企业发展的走向。年初第一周，大多数企业都会召开战略研讨会，集思广益，共商新一年的大计。微博的兴起，让许多企业把寻找顾问的触角伸到了网络世界。优米网的创办人王利芬就在微博上向网友们征集对网站发展的建议，给战略研讨会带来来自一线用户的声音。正月十五元宵节晚上，我们企业的高管们欢聚一堂，讨论得热火朝天的，正是企业"接下来该做什么"这个话题。

"接下来该做什么"即是"战略"。营销管理的战略分三步走：在哪里？去哪里？怎么去？即分析现状，确定目标，缩减差距。个体的发展战略规划，也可以遵循这样的步骤。

先来分析现状，看看我们"在哪里"。2010 年，太阳雨的销售实现了 89.88%的增长。在数字的背后，我们需要了解的是：在同行业里，我们到底占据多大的市场份额；知晓、了解、认同、购买我们产品的消费者各占多大比例；消费者和经销商的满意度如何；产品周期所处的阶段和新产品的研发方向又是如何……它们分别体现了销售渠道的战果、品牌传播的效果、售后服务的追踪结果和新品开发的成果，各个部门可以对号入座。

个人可以通过两张图——部门组织架构图和企业组织架构图来查看自己"在哪里"。太阳雨的销售部从业务代表到销售总监共分为 13 个层级。通过部门组织架构图可以一眼看到自己的位置在哪里，晋升通道又是怎样的。企业组织架构图，能清楚反映出你的岗位在整个组织里所处的位置和发挥的作用。这样的观察，有利于提升在工作中的格局，不仅知道怎么做，而且明白为什么要这样做。

然后确立目标，想想我们"去哪里"。新的一年，我们的销售目标和利润目标各是多少？我们的营销费用预算如何分布？渠道扩张是扩大已有市场的份额，还是开辟全新的市场？理想的人力资源配置情况应该是怎样的？目标能让我们发现现状与理想之间的差距。营销体系运营过程中的各种动机，都来自与目标的差距。意识不到差距的组织就不会有强烈的动机，更不会在市场上有所作为。

个人要通过可量化的专业水平来指引自己"去哪里"。我始终坚持一个观点：看自己有没有发展，不是看这一年多赚了一万块还是少赚了一万块，而是看这一年自己长了多少本事。与业务岗位相关的硬技能掌握到了什么程度？职场通用的软技能又有哪些提高？

◎ 接下来该做什么？◎

年末我收到一些职能部门用思维导图呈现的 2011 年工作规划，很欣慰，因为他们知道自己负责的工作要"去哪里"，就表明他们知道自己将"去哪里"。

最后缩减差距，琢磨"怎么去"。没有投入就没有产出，但企业的资源是有限的。提升产品力，意味着增加促销和广告投入、更换包装、降低价格等；增强渠道力，意味着加强经销商管理、提升渠道奖励等；加大销售力，意味着加强对销售人员的培训、提高提成标准等。这些方法都行得通。然而市场在变，我们自身也在变，方法也应随之变化，通过资源的合理分配，整合各项资源来缩减差距，达成目标。

个人发展需要通过持续性改进，缩减职业现状与职业目标之间的差距。那些整天"瞎忙活"的员工一直都在用相同的方法做相同的事，却期望产生截然不同的结果，这是职业发展的误区。火箭式的晋升需要过人的才能加上很好的机遇。大多数人必须通过在工作中不断进行持续性的改进来实现职业目标。这里做一点新的规划，那里替换一下老旧的做法，一点点地进行不懈的持续改善。就像我们一个区域经理在述职报告上说的："在市场上，唯有突破才能产生价值。突破程度的多少就是自己价值多少的体现。"

对营销人来说，接下来该做什么，是一个永续的问题。每当一个促销时节结束，市场上出现松懈的苗头时，我都习惯性地为我们的营销人员"煽风点火"一下。在我看来，营销人没有休息的那一天，市场不息，营销不止，折腾就不能停。这不是宿命，而是规律。

真实的力量

2011年奥斯卡获奖影片《黑天鹅》给人们留下深刻的印象，电影刻画了女主角细腻而具有冲撞感的内心世界，向人们展现了芭蕾舞者华丽舞姿背后的辛酸和汗水，给我的心灵带来很大的震撼。后来无意间看到的一张图片再一次深深震撼了我：芭蕾舞者脱下舞鞋的脚，严重蜕皮、红肿，甚至变形……台上舞姿惊艳的她们，背后真实的付出远远超出了我的想象。

任何事物背后都有其本质的机理，也就是事物真实的一面。很多时候，人们往往过于关注他人表象的光鲜与成就，而看不到背后真实的付出。在刚刚结束的太阳雨2012年军事化营销学院总结表彰大会上，我和营销人员一起探讨了"什么是真实"的话题。

真实是光鲜背后的辛酸

人们总是看到天鹅在水上游动的优雅，却看不到脚掌在水下卖力的游动，我们把赞美献给了花朵和果实，却忘记了当初播种的辛劳。正如芭蕾舞演员，真实之于她们，不仅是舞台上博得的喝彩，而更多的是背后残酷的训练。营销的真实是什么呢？在每场消费者爆满的促销活动、每年一路飘红的数据背后，不是端坐桌前翻看营销书籍的空想，也不是眼高手低的闲适，而是每一位营销人员常年奔波在市场的艰辛。

中国有句古话叫"酒香不怕巷子深",意思是如果酒酿得好,就算在很深的巷子里,也会有人闻香知味,前来品尝。而这一点在营销上却是恰恰相反的,酒香就怕巷子深。营销所要做的就是让每一个角落的顾客都能够嗅到酒的浓香,继而产生购买行为。前不久在网上看到马云在 1996 年推销中国黄页的视频,那时的马云 32 岁,创办中国黄页,也就是今天阿里巴巴的产品雏形。在那个时候网络还是新生事情,他的推广业务困难重重。作为一名营销人,我们不难从这件事中看到,营销并不是影视作品中儒雅、轻松的商务谈判,而是植根于市场的奔波。一部分营销人员往往只看到他人成功后建立的王国,而看不到这样的成就背后真实的付出。因此,我始终强调要看到营销的真实,坚持真实主义原则是太阳雨每一个营销人必须坚定和明晰的信念。

真实是褪去虚饰的华裳

《周易·系辞下》中有这样一句话:"德薄而位尊,智小而谋大,力小而任重,鲜不及矣。"这是孔子对德薄、智小、力小者的忠告,也是对执政者选贤任能的警告。在今天,这句话同样适用。不论企业还是个人,当拥有了一定的地位、权力和责任时,更要时刻自省与拷问现在的自己是否能够与这些荣誉匹配,如果实力不能匹配,那便是虚饰,而真实就是要揭下这些虚饰的华裳,看到真实的自己。

今天,太阳雨已经是行业第一的领军企业,是完成转型的上市企业,这些都是我们的荣耀。太阳能光热行业作为中国的民族企业,在进入成熟发展期后仍有很长的路要走,太阳雨作为领军品牌在这样的行业格局下,担负了更多的责任和使命,时刻不能松懈。我们的业务人员作为太阳雨未来发展的主力军,更要时刻警醒:业务人员的主战场永远在每一寸市场。只有深入走访千家万户，才能把握市场脉搏。2013年我们明确了两个标准：线上风光，线下坚实。

真实是开挖生命的力量

　　罗曼·罗兰曾说过："世界上只有一种真正的英雄主义，那就是在认清生活真相之后依旧热爱生活。"这种热爱便是在看清真实后迸发的力量。我理解的真实的力量有这样三个方面：一是真心实意，即想干。营销人要有扎根下来踏实工作的心态，只有真心实意地想在一个企业历练自己，才能对职业有长远的规划，用心做好工作中的每一件小事。二是真才实学，即会干。人才就是指有做事情的能力，别人做不了的，你能搞定，这就是能力。前段时间看到哈尔滨本科生、研究生争抢环卫工人岗位的新闻，感慨颇多。混编制与投身企业是完全不同的职业道路，每一个选择进入企业的人都要认识到企业需要的是做事的能力，只有靠真才实学才能实现自己的价值。太阳雨为人才提供了丰富的培训资源和广阔的发展平台，我们将全面落实以实战为导向的培训计划，同时鼓励人才竞争上岗，形成人人比拼实力的良好工作氛围。三是真抓实干，即拼命干。有了意愿和方法，最后关键的一步便是执行。在新的一年里，贯彻以市场为导向的机制，总部人员每月必须做到至少深入走访市场一次。同时，太阳雨进行了全新的组织改革，公司内部形成了集产品部、营销公司、人事行政部、工程技术公司、财务部为一体的组织架构，市场划分由原先的31个分部，整合为华北、华东、华南、华西、华中、西南六大营销中心，以全新的面貌和力量应战2013年。

　　看到光鲜背后的辛酸，揭下虚饰的华裳，开挖生命的力量，以真实的正能量激励同行的人，迎接最美的2013年！

再谈真实的力量

作为 2021 年中国国庆档电影扛鼎之作的《长津湖》，昨日（2021 年 10 月 20 日）已突破 50 亿票房大关。

战争题材的影视作品很多，而《长津湖》凭借其堪称中国影视圈顶配的创作团队，流量与口碑兼备的演员阵容，从一开始便吸引了超高的关注。而上映后的《长津湖》之所以能够叫好又叫座，有一个观点是趋同度较高的，就是真实。这并非指电影完全重现了史实，而是它没有简单的喊口号和硬煽情的剧情，对志愿军将士也并非脸谱式地塑造成"神兵天降"。它讲述了所谓英雄，都是平凡的人为了国家和民族的未来拿命在拼，因而有了感人至深的力量。

记得 2012 年我曾经写过一篇文章，标题就是《真实的力量》。不仅文艺作品需要真实的力量，今天在我们企业经营管理的过程中，真实的力量同样重要。

真实的力量，指引企业的前进。

在本月初的太阳雨经理人季度会议上，我举了近期发生的"拉闸限电"的例子，来说明我们确确实实正在经历着一场广泛而深刻的能源变革。它不是起始于今天，更不会在短期内完成，它给我们的工作和生活按下了切换键，也给企业的发展带来了机遇和挑战。

"双碳新赛道，太空能领跑"，这是"双碳目标"下太阳雨对清洁热能的产业选择，而"太阳能+"和"空气源热泵+"的实现路径，无论在清洁热水、采暖、烘干、制冷、发电等应用上，还是在房地产、工商业、农牧业、低碳社区、区域能源供给等具体领域上，太阳雨也在不断塑造着新的标杆。尽管如此，我们还是有部分区域的业务团队，守着自己熟悉的业务，在新业务的拓展上乏善可陈。要知道历史性的机遇往往也意味着市场竞争将是空前的，技术和产品的比拼是一方面，此外也考验着企业的综合实力。所以我要求所有人要在积极主动的市场探索中，打牢基础，不断锤炼能力，决不能被市场的潮流裹挟而行。

"这是最好的时代，这是最坏的时代"，只有看清机遇与挑战，一步一个脚印，才能行稳致远。

真实的力量，保障组织的发展。

组织是战略落地的保障，而真实应该是组织和个人关系中最基本的前提。

真实就是客观看待个人与组织的关系。近期在我们服务公司成立的工作会议上，我再次分享了对个人和组织关系的看法。"要么打工要么创业"，这是我鲜明的观点，可以说不存在任何模糊的边界。既然打工，就应该在选择一项工作的同时，接受其带来的工作和生活方式。如果干着工作，又对工作不满意；想要另一个工作机会，又不敢跳出现在的岗位，这种情况下就一定实现不了自己真正的价值。《重塑组织》一书中说到"组织的天赋所在：能够引领人们勇于挑战自我，并实现他们独自无法取得的成就。"客观真实地看待个人与组织的关系，接受并融入组织，个人的已知甚至未知的天赋才会得以显现，才能有所成长和成就。

此外，真实也体现于在组织的机制下开展工作。古人有云，"观人于酒后，观人于忽略，观人于临财临色。"这是古人的辨人之法。太阳雨的业务模式决定了所有的业务人员每天都在跟客户和消费者打交道，每天也都在经办着各种业务上、财务上的往来，这个时候公司无法仅凭道德来对所有员工进行约束，必须通过规章制度，来规避潜在的风险。我们要求业务人员不得与客户有私人账务的往来，要求费用的支取和核报需要有授权和凭证，这看似是增加了很多条条框框，实则就像乘坐航班必须过安检一样，是一种机制上的怀疑，是对员工的保护，是给整个组织的稳定与发展提供一个安全的空间。

真实的力量，助力个人的绽放。

尼采曾讲述，每一个不曾起舞的日子都是辜负生命。而真实才是一个人最绚丽的底色。

我曾总结过看人的六个面：正负、深浅和虚实。正与负，指的是一个人价值理念的底层思维；深与浅，指的是一个人认知水平的内在逻辑；实与虚，指的是一个人落地能力的具体体现。这不仅是用来评判他人，对于我们审视自身，正视自己同样有效。我常常告诫我们的同事，"别装、别混、别演戏"，而对于不真实的人，我们要做的就是果断远离。

米兰·昆德拉有一本书叫《生活在别处》，其中讲到："无法活在当下，我们总是把远处的生活当做生活该有的样子，把远处的人当成人该有的样子。我们时刻想逃离当下，我们拒绝接受当下，因为远处有一个幻想，我们认为，那里存在救赎。"然而事实一再证明，活在当下，做一个技在手、思在脑、能在身的人，才能从容过生活，才有可能实现真正的救赎。

"崇尚真实，心怀喜悦，锐意进取"，是太阳雨的团队精神，而其中"真实"始终是放在第一位的。许多智慧传统证明：如果我们的行动源自深层的诚实，整个宇宙都会协力支持我们。

做一个现实的理想主义者

印第安人有一句谚语：别走得太快，等一等灵魂。平实的语言透射出耐人寻味的智慧。我们走得太快了，就要停下来，让灵魂跟上来。太阳雨2012年第三季度攻坚战役收尾了，第三季度营销学院总结表彰大会也如期召开，主题是"做一个现实的理想主义者"。每一次总结会都是一次停步，让我们沉下心来，思索和总结过去。这次大会更加深入地从个人和团队的价值观层面进行探讨和自省，剖析企业内外环境，同时坚定下一步的理想。

面对理想和现实的交织，大致有四种人，我称之为"理想与现实的四宫格"。第一类是现实的现实主义者，被现实所困，失去理想和热情；第二类是理想的现实主义者，没有真正的理想，而是用理想粉饰自己；第三类是理想的理想主义者，这类人有理想，但是不能正确面对现实，脱离实际，最终郁郁寡欢，直至走向极端；第四类就是我们所说的现实的理想主义者，坚持心中的理想，同时正视和认清现实，能够实现自己的理想。

柳传志曾说过，做人要有理想，但做事不要理想化。说的就是最后一类人，心怀理想，但不理想化地看待世界。只有认清现实，正视现实的游戏规则，才能实现理想的价值，不然只是空想。

做一个现实的理想主义者，落脚点是理想主义者，由理想引领自己的人生。没有理想的人生，只是为了生存而苟活，不可能发挥自己的价值。任何人,无论起点高低都应当有理想。社会的多元化发展为个人梦想的实现提供了无限的可能,近年来各类草根选秀节目热播,走出了大批怀揣艺术梦想的人。"大衣哥"朱之文就是一个典型的例子,坚持自己的歌唱爱好,在闭塞的农村依然坚持练习,最终成就于"星光大道",实现了人生质的飞跃,这样的例子层出不穷。鲁迅曾在北大的一次演讲中说,聪明人不能做事,世界是属于傻子的。鲁迅说的傻子,就是能够坚持自己纯粹理想的人。在浮躁的当下,能够排除世俗干扰、坚持自己理想的人往往会取得成功,而畏首畏尾、被现实束缚的人往往一事无成。太阳雨为每一位营销人提供了充分展示才能的平台和激励机制,涌现了一批批年轻有为的新生力量和技能娴熟的老将,我们呼吁更多有理想的营销战士走出来,实现自己的理想。

  理想要纯粹,高于现实,但不能不切实际。现在的年轻人容易好高骛远,看到马云创业无比崇敬,心想自己也要开创一个新的王国;看到乔布斯更是奉为偶像,再看到创办 Facebook 的扎尔伯格,顿时觉得同样为 80 后的自己实在是碌碌无为,前途渺茫。每个人都要找到自我价值,而不是盲目地比较,给自己泼冷水。赫伯特说:"对于盲目的船来说,所有风向都是逆风。"营销人也是一样,确定了职业道路,就要给自己做一个长远的职业规划。回首自己 15 年的营销之路,从脚营销到脑营销再到直觉营销,我把自己的理想分解为各个阶段性目标,一步步实现。

  坚定了理想是远远不够的,还要落到现实的土壤中。认清现实,并找到通往现实的路径和方法是实现理想的关键。理想越纯粹,手段就要越现实。

  在市场一线奔波,首先要做的就是认清现实,并找到实现目标的有效手段。营销人要面对这样几个现实:一是行业发展的大环境。太阳能光热行业告别高速增长阶段，逐渐走向成熟，这对核心市场、增长市场和种子市场都将带来不同程度的影响，但行业品牌繁多，市场占有率仍有很大的提升空间。在这样的大环境下，就要开动脑筋，把握变幻的市场，找到新的方法。二是企业发展的新阶段。上市对太阳雨意味着开启了一个新的成长阶段，也给太阳雨带来新的挑战。营销人要不断提高自己的技能，而不是沾沾自喜，甚至放松懈怠。三是要清楚自身的现实。做营销不是理想化地构思，而是植根于市场的智慧萌发。营销人最忌讳的是眼高手低，不能准确地把握市场脉搏，最后使尽手段仍不见成效。深入市场，从一线做起，一点一滴地积累市场经验和技能是营销人必须接受的历练，也是应当面对的最大现实。国学大师南怀瑾曾说，技在手，能在身，思在脑，从容过生活。营销人要武装自己，提高技能，才能从容地面对市场。

在2012年第三季度总结大会上，我们推举优秀的业务人员和干部，让他们把自己在市场上摸爬滚打积累的经验和技能进行分享、交流，大家都受益匪浅。今后，我们会加强内部经验技能的分享和培训，将团队集体智慧的结晶发挥出最大的效益。

白岩松在《用理想和现实谈谈青春》一文中说，我们要看清生活的真相，生活百分之五是幸福，百分之五是痛苦，剩下的都是平淡。而营销中，百分之五是成就，百分之五是困难，剩下的就是坚持，坚持是最好的品质。

2012年即将在平静和不平凡中悄然结束，这一年，太阳雨实现了上市的梦想，接下来将继续正视现实，做充满热情和战斗力的理想主义者。

太阳雨定义自然新科技

今天，互联网科技正以不可思议的速度极速发展，"互联网+"最大限度地拓宽了科技应用与发展的领域。"第三次工业革命"概念的创立者杰里米·里夫金预测："互联网+可再生能源"将交汇派生出新的经济革命，成为改写历史的全新支点。

向大自然要创造力

"大自然一直在用她的血肉供养着人类。最早，我们从大自然那里获取食物、服饰和居所。之后，我们学会从她的生物圈里提取原材料来创造出自己所需的合成材料。而现在，大自然又向我们敞开她的心智，让我们学习她的内在逻辑。"被互联网人士奉为圭臬的《失控》，用卷帙浩繁的篇章诠释了"人造"与"天生"联姻的主题，为新时代的发明家们呈现了缜密而又流动的逻辑思维。

大自然的鬼斧神工和人造设计之间，到底如何才能实现真正的互通与共生？自然界，到底还有多少规律能被转化和利用？至今，这一切仍是一个谜团。

自人类文明诞生起，我们便开始从生物学中"提取"大自然的创造逻辑，用以制造出一些有用的生活物品，并将其应用到其他领域。企业作为人类社会中重要的科技载体，在商业规则的市场中播撒基于自然生态的生产技术和产品,将潜移默化地提升、改变人类的生活品质和生活方式。

太阳雨的自然经济

太阳雨作为一家起源于新能源利用的科技型公司,从太阳能光热利用起步,逐步扩展至光热与光伏的多元化利用,以及空气能的热利用。目睹工业科技对自然环境愈演愈烈的单向透支,太阳雨开启了新领域的跨界科技课题,在近两年逐渐丰富了用水净化科技、空气净化等领域的研发、设计和制造,创造性地提出阳光、空气、水三个自然元素的经营范畴,循序渐进地实现将自然逻辑融入工业制造的构想。在对大自然系统的研发和利用课题中,太阳雨是一个开拓者,也是一个探索者。

阳光科技,最大化地采集、存储、利用太阳的能量。在太阳能光热科技没有被开发出来的年代,人们早已洞察了阳光照射传递热量的秘密,直接通过闷晒的方式来获取热水,以满足日常生活的洗浴需求。后来,太阳能热水器这一创新产品实现了将阳光的热能采集、存储和利用。通过提升吸热、创新保热等科技研发,太阳雨实现了对热能的高效储存和自由支配。同时,太阳雨对太阳能光伏等周边领域的产品进行创新开发和市场开拓,实现光伏与光热市场的融合共生。

空气科技,一方面,通过汲取空气里蕴藏的太阳热能,即通过空气能产品吸收空气能量制造持久、大量的热水,其本质是将压缩机技术跨界应用;另一方面,通过空气净化器净化空气。工业污染打破了自然界空气自动净化系统的平衡,严重威胁人类的生存,于是便有了空气净化技术来实现局部净化目的,然而这种打破自然运行系统的状态,必须通过探索自然原有的修复及净化系统才能找到根本的出路。

净水科技，让水资源回归到自然界的纯净品质。"流水不腐，户枢不蠹"是一种淳朴而真实的自然逻辑，污染使水源自身的净化机制失效。目前，中国净水领域仍采用末端而非体系的方式来应急饮用之所需。我们希望能借助科技的力量，将大自然净水系统的自我复制、自我管理、有限的自我修复等的特质，移植到机械系统中，来实现可持续的水净化。

在瞬息万变的今天，太阳雨通过对阳光、空气、水等生态科技的研发、整合及创新应用，创造出全新的自然科技体系，以基于可再生能源的生态文明之家，构筑更诗意的生活。

太阳雨　一个超级符号的态度

每到一个城市出差,需要出具发票抬头时,我总会先习惯性地问对方是否知道太阳雨。常有人一脸茫然地说道:太阳雨就是一个自然现象吧?大晴天下着雨,叫太阳雨。那个时候我既不高兴,也不痛苦,因为这个词本来就是这样,不高兴是因为这说明我们品牌影响力还不够。当有人欣喜地回应,是做太阳能的吧,我家就装了一台你们的太阳能热水器,那个时候心里就很温暖。

前不久受邀参加网易公开课,与大家分享太阳雨的品牌故事。品牌是一种符号,而太阳雨是一个超级符号,之所以这样讲是因为太阳雨的品牌名是一个存在于词典中的词,有自身的含义,与格力、海尔等创造出来的文字组合不同。这种类型的品牌有优势也有劣势,优势是记忆成本低,可以沿用原有的认知与品牌建立关联,劣势则是在品牌认知度不高的情况下,容易被词语本身的含义所淹没。以小米品牌为例,借用"小米"这个词语,将小米的印象与手机品牌建立商业关联,当小米品牌深入人心时,它在人们心中的第一反应就不是小米这种食物,而是一个手机品牌。提起苹果,我们首先想到的也是苹果电子产品这个品牌,这就是超级符号类品牌的特殊性。同理,太阳雨的成功就是在人们听到太阳雨时,最先想到的是一个做太阳能起步的品牌,心中有温暖、滋润的价值感受。所以,对于太阳雨而言,品牌的终极目标就是将这个符号烙印在人们心中，超越人们对太阳雨这一自然现象的原始认知。在培育太阳雨超级符号的 17 年里，发生过很多有趣的故事。

注册之艰难

　　太阳雨的命名一拍即合，在太阳底下洗澡，恰好契合太阳雨的意境。确定品牌名后发现早已被注册，我们和对方的谈判价格从最初 2 万的犹豫不决，到后来的 20 万，再到最终 200 万爽快成交，品牌的价值在不断提升。在今天太阳雨几十亿的市值中，品牌的价值占很大份额，如果今天有人拿 20 亿买太阳雨品牌的话，我们都不会答应。

产品之使然

　　凤凰卫视许戈辉老师曾用一句话表达对太阳雨的印象：太阳温暖大地，雨水滋润心田。温暖和滋润无疑是太阳雨最核心的两个感知。杜子建老师曾在一次广告论坛的沟通中，直截了当地说太阳雨卖的就是温暖，热水传递温暖的感觉，净水传递的则是滋润的印象，太阳雨的认知印象与热水和净水有着天然的契合。

公益之顺利

　　公益是太阳雨品牌的基因，在从事社会公益的过程中，超级符号的属性优势也体现得淋漓尽致。在一次公益晚会的筹划中，组织方主动表示可以以太阳雨命名，既代表太阳雨品牌，同时也传达了太阳雨这个词语本身温暖、贴心的公益内涵，对当时的我触动很大。也不难理解，太阳雨公益慈善基金命名与成立的水到渠成。

有傻瓜的地方才有奇迹

　　回想 2007 年，在来到太阳雨的第一次全体会议上，我豪言要把太阳雨做成世界太阳能第一品牌，离场的时候，我发现一张纸条，上面写着：又来了一个神经病。直到今天，这个纸条还锁在我的办公桌里。那个时候听起来像是天方夜谭的豪言，在今天已经实现。

未来，太阳雨将专注阳光、空气、水的利用，坚守科技让生活回归自然的企业使命，倡导清洁、自然、健康的生活理念和解决方案，把太阳雨打造成一个现象级的世界品牌。

i+蜕变，创见未来

2017年年会我们选择了一个特殊的日子——12.12，与"双11"一样，这两个曾经寻常无奇的日子如今却吸引着人们惊心动魄地熬夜抢购。概念创造、模式构建、价值井喷……淘宝的商业人造节无疑是一部难以超越的营销大作，而概念的创意是源头。

2017年对太阳雨来说也是特别的一年，我们迎来了18岁的成人洗礼，对太阳雨来说意味着更大的使命与蓝图。我们再次邀请太阳雨全球首席品牌官林志玲小姐，通过年会共同发布了太阳雨全新的i+战略，作为品牌成人蜕变的概念引领。i源自Sunrain中的i，i是品牌的基因，代表太阳能光热的创业原点，+是基于自身新能源属性的升级，拓展为阳光、空气、水的生态布局，涵盖生态理念、生态技术、生态公益三个板块。

生态理念idea，三大核心是零能耗、零排放、可持续。阳光、空气、水是人类天然的宝藏，太阳雨的生态理念就是以阳光、空气、水三大生态能源利用为核心，最大限度地替代燃煤、燃油、燃气等消耗性化石能源，为我们的生活提供洁净的能源解决方案，以满足热水、采暖、净水等家居生活所需。生态理念首先是时代趋势使然，随着能源耗竭和环境污染的恶化，以绿色科技为能源驱动的第三次工业革命应运而生，通信互联网、能源互联网、物流互联网融合而生的物联网将主宰整个第三次工业革命的进程。其次是国家大势使然，十八大以来国家加强生态文明建设，树立"绿水青山就是金山银山"的强烈意识。第三是企业优势使然，太阳雨从太阳能及空气能的热利用到水净化领域，形成了纵向深入的生态技术研发及人才研发优势。

生态技术 integration，三大核心是新能源热水、新能源采暖、零能耗净水。通过新能源生态技术，高效吸收和存储阳光、空气中的能量，转化为 24 小时持续热水、舒适采暖等家居所需，最大限度替代传统化石能源；同时创新无电、不废水的净水技术，以高效、节能的方式提供纯净生活饮水和用水。生态技术基于三个升级，一是消费升级使然，从将就到讲究的消费心理催生中产阶级的崛起，全年热水、采暖、纯净饮水成为生活必需，一站式购买生态产品的意愿强烈。二是渠道升级使然，代理商从单一的热水零售商向集采暖、制冷、热水、净水、软水为一体的系统集成商升级，组合销售产生的连单效应使代理商想卖生态产品的意愿强烈。三是企业升级使然，多元化与国际化战略的实施，企业从单一的热水提供商向集成的生态家居解决方案提供商升级；基于更清洁、更舒适、更节能的消费升级需求，以新能源而非传统能源为驱动的核心差异化，设计和打造产品，企业想做生态产品的意愿强烈。

生态公益 ideal，三大核心是人人公益、平等公益、可持续公益。通过推广生态公益理念，呼吁全员参与，保护地球生态环境。向能源供应困难、生活设施匮乏地区的人们提供新能源热水、采暖、净水等系统设备，平等共享生态可持续的健康生活。以阳光浴室、暖房子、妈妈净水三大项目为核心，通过太阳雨公益慈善基金连接志玲姐姐慈善基金会、韩红爱心慈善基金会、壹基金等公益力量，为更多有需要的群体提供援助。从关爱人到关爱地球，生态才是我们最大的公益。

基于科技让生活回归自然的品牌使命，太阳雨以i+战略开启全新蜕变，以理念感召，凭技术实现，用公益传递，投身全员参与的生态浪潮。

提高心性　拓展经营

在前不久如期举行的太阳雨半年会中，1000多名太阳雨人共同经历了不寻常的夏日洗礼，傍晚突如其来的暴雨并没有阻挡千人户外露营的节奏，潮湿闷热、地表渗水、蚊虫叮咬考验着每一个人，让我欣慰的是，营销战友们互相帮助，坚持完成了露营。想起阿·托尔斯泰在《苦难的历程》中有这样的题记："在清水里泡三次，在血水里浴三次，在碱水里煮三次。"如不放弃，那没有到头的失望与苦难，是你新生的起点。2012年夏天大沙湾之夜的暴雨仍历历在目，走火、畅饮、征文的细节仍印刻心间。2017年的第二次，又是我们新的起点。

面对这次经历，有人兴奋，也有人不解，不同心性下的表现清晰而分明。在拓展后的交流中，我继续围绕"提高心性，拓展经营"的主题，从三个层面与大家做了交流。

知其必然，认清趋势

首先要认清内心的趋势，拥有正念、正语的人才是真正拥有正能量的人，也往往是快速成长和最终有所成就的人。国防大学战略研究所金一南教授在2017年4月致良知学习会上，做了题为《心胜则兴，心败则衰》的特邀演讲。他提到"多数人因看见而相信，少数人因相信而看见"，真正的杀手锏是精神立于不败之地。很多的失败是源于自己内心的投降，而只有坚定信念的人才会成功。面临经济局势的外在考验，企业能否认清未来趋势是成败的先决因素。习近平总书记提出"绿水青山就是金山银山"的发展理念，在经济与生态和谐发展的大趋势下，太阳雨的"生态文明之家"必然符合未来家庭生活及工业商业生产模式的趋势，这一点我们要始终坚持道路自信。

知其所以然，掌握规律

掌握规律，方能穿透本质。"不是实体店不行了，而是你家的实体店不行了。"马云的言论，唤醒企业家跳出表象，看清线下与线上相依相生的规律。企业自身的升级也有规律可循，太阳雨在品牌多元化的过程中，必然会面临主业增缓与新业务培育的局面，不消极不盲听，坚持核心再造和再造核心，延展为阳光、空气、水的布局，近几年业内跟随者众多。太阳雨2017年正式发布i+生态战略，涵盖生态理念、生态技术和生态公益三大板块，是基于行业与品牌自身发展规律所推导的战略蓝图。

知其然，找准措施

成功＝套路×重复行动，只要找到正确的套路并重复行动，就会获得成功。2017年下半年我们从产品对阵、组织变革、渠道破局、零售增代、工程增量、模式推广、业务聚焦七个层面着手。

以产品对阵为例，企业往往容易陷入过分追求产品性能创新和差异化的怪圈，而不能感知用户真正的需求。行业里叫好的产品，并不一定叫座，满足目前消费者认知习惯和实际需求的产品才是主流，并要在坚持中不断创新，延续产品生命力。例如，汽车品牌不断升级畅销车型；苹果手机也以iPhone换代为主线；无印良品定义朴实好用的价值观，不强调流行感，把简洁性打造为品牌特性，让用户获得最大限度的满足。

太阳能热水行业已形成稳定的寡头垄断的竞争格局，并从增量市场转为存量市场，我们必须坚持产品中高端的市场定位，通过无电增压、双舱秒热、虹吸热管、管道排空四大技术发明，将节能环保的热水优势做到极致。家庭电站作为潮流产品，接下来将主推高效标准的前沿产品，实现太阳能行业纵向深化的业务新爆发。空气能坚持高配置、高性能的精品路线，从中高端市场切入，避开顶端市场和大众化市场。太阳雨净水在品牌基因和技术属性下，布局以"不费水、不费电、不费芯"为三大技术核心的零能耗净水，实现产品差异化与用户属性的双向匹配。

在提高心性中认清趋势、掌握规律，在拓展经营中找准措施，迎接2017下半年的凯旋！

在坚持中创新

每年的太阳雨集团全国优秀经销商年会上，除了公司管理团队向来自全国各地的代理商和经销商做年度的工作报告，我们还会邀请业绩突出的代理商和经销商现场做经验分享。

今年的分享人共有三位，一位是截至9月销量突破1000万的县级代理商，另外两位则是"一老一新"乡镇经销商，截至目前销量均超百万。"千万代理商"分享人是2018年加盟的太阳雨，年销量从第一年的200万，到今年前9个月突破1000万，用他自己的话说，所有的工作都是围绕"建团队、扩品类、广招商、搞活动、做服务、促周转"来开展的。而另外两位"百万乡镇经销商"，一位是2019年才加盟太阳雨的新商，他利用太阳雨的品牌力和自己的人脉，在当地组建起一支为自己带货的"水工师傅"队伍，快速为自己铺就了出货渠道，短短两年便取得了年销量过百万的业绩；另一位则是2011年加盟的老商，面对成熟的市场和较大的太阳能热水器的保有量，他通过招聘服务人员，以做服务为切入点，为自己开辟了一片"以旧换新"和新业务"联单销售"的新市场。

正如《圣经》里讲到的一句话："已有的事，后必再有；已行的事，后必再行。日光之下，并无新事。"这三位分享者的成功经验，不仅是我熟稔于心，对于我们的绝大部分代理商和经销商来说，也绝不陌生。"渠道为王"、"活动制胜"、"服务第一"，这是帮助太阳雨从激烈的市场竞争中脱颖而出,并成为清洁热能行业领军企业的重要思想和策略。说"大道至简"可能有人觉得有"凡尔赛"的嫌疑,而我真正的感受就是,三位分享者所做的工作可以用6个字来概括,那就是"在坚持中创新"。

随着"元宇宙"、"Z0世代"、"内卷"等等新鲜词汇的不断炸圈,甚至电子产品的系统更新频率,似乎都在向我们证明这个世界的变化在加快。"快鱼吃慢鱼"的时代,很多人不免陷入不断升级迭代的焦虑之中,此时创新就被奉为圭臬至宝,也成为缓解这种变化带来的焦虑的一剂良方。

雨果说:"最猛烈的打击莫过于失掉平衡。"坚持与创新就像一艘古代航船的舵与帆,没有舵就失去了航向,没有帆就失去了动力,最怕的也是失去平衡。

对于太阳雨而言,20多年来我们经历过市场高速增长的阶段,走过业务多元化的曲折道路,这也是一个在坚持中创新的过程。

目前太阳雨已经形成了清晰的"一横一纵"战略布局,构建起以"太阳能、空气能"为核心业务,涵盖太阳能、空气能、厨电、电热、燃热、光伏、净水、卫浴、管业、电工十大品类的发展路径。业务的延伸我们始终围绕环保清洁的阳光生活理念,聚焦于"清洁世界,美好生活"。一方面,我们的主要产品具有绿色低碳属性,太阳能和空气能都是助力"双碳目标"落地的重要途径;另一方面,我们所深耕的广大县域、城镇和乡村,是国家推动实现全面小康、乡村振兴和共同富裕的主战场。"让天下百姓宜居有道,让阳光照进每个家庭",太阳雨的企业使命就是我们最根本的坚持。而近两年太阳雨能够取得较大的逆势增长,也证明我们的发展战略方向是对的,经营策略是有效的,同时也为未来持续和更好的发展,打下了坚实的基础。

此外，不论是创业初期跟随行业先进快速学习成长的阶段，还是后来登陆资本市场引领行业发展的阶段，都离不开创新。"保热墙"专利技术引领行业从吸热时代进入保热时代的案例一直被我们津津乐道，今天，我们的太阳能跨季节蓄热供暖超级工程和北方地区"太空能"清洁采暖示范工程，同样开创了行业先河，我们的清洁能源智慧耦合利用的能力也在不断提升。而正如熊彼特在100多年前写的《经济发展理论》，其中便提出"创新是生产要素和生产条件的新组合"，我们的线下分销模式、城乡联动模式、城区零售模式等，也在随着智能化、数字化、城镇化的深入发展而被重新演绎。前面提到的三位优秀代理商和经销商，就是其中的践行者和佼佼者。反之，对于其他的很多人来说，坚持与创新的割裂或者失衡，就是烦恼和挫折的来源。

德鲁克说："创新是有目的寻求机遇的过程，有目的的创新可以使创新的风险降低90%。"面对变化的环境，既要避免躺在过去的功劳簿和舒适区，不思进取，故步自封；同时也要摒弃简单粗暴与过去一刀切的做法。詹姆斯·马奇在《经验的疆界》中指出：对于成功的经验不能"低智适应"，而应该"高智适应"，即努力理解因果结构，并用其指导以后的行动，这也是对"在坚持中创新"的生动阐述。

创新创业　创见未来

前不久参加一次论坛活动，几家传统企业代表分享了对各自行业的见解和经营心得。其中一位同仁的发言引发我强烈共鸣，传统企业在互联网时代的应对与蜕变无疑是近几年大家共同关注和探索的课题，同样作为传统企业，太阳雨也在不断地尝试突破。活动结束后，我有幸前往此家公司拜访，看似其貌不扬的办公场所，其中的软性力量深深地震撼了我们。门口鲜亮的涂鸦、张贴的趣味段子、活力自主的工作状态……呈现出一个渗透互联网特性的传统企业所独有的生命力，稳步增长的业绩更是强有力的证明，而这些都源于创业机制的改革。

传统企业不等于呆板沉闷，互联网企业也不等于鲜活旺盛，企业的生命状态并不取决于自身的属性，而是由内部的软性竞争力决定。前不久，自己在思考个体成长时，得出"个体成长的关键在于认知"的观点，认知水平是人与人之间差别的根本；这次论坛的碰撞与拜访，促成了对集体成长思考的定论：集体成长的关键在于流动性，流动性是集体生命力的源泉，流水不腐户枢不蠹，保持流动是集体经营的关键。

无论是企业、组织还是国家，都需要优良的流动性。习近平总书记指出，要大力实施创新驱动发展战略，加快完善创新机制，全方位推进科技创新、产品创新、市场创新等，掀起"大众创业"的浪潮。我从中解读出激发国家与企业流动性的三个关键：机制、创新与创业。回顾自己曾经的文章《要么打工，要么创业》，所阐述的是对职业与事业的领域选择要清晰而坚定，而创业机制变革所明确的是：打工不等于埋头混日子，创业也不等于拼搏主动，两者都需要创业、创新的理念与机制。企业内部的创业机制改革并不陌生，稻盛和夫的阿米巴经营倡导人人都是经营者，让第一线的每一位员工都能成为主角，主动参与进而实现全员经营。太阳雨创业机制的探索与改革，可以总结为12个字：

团队之中

在现有组织中孵化各业务的创业公司，通过民选官、官选民，竞选最佳的创业方案，自主形成高黏性的创业团队，员工和企业的关系由雇佣关系变成合伙关系，企业是老板和员工共同拥有的，员工不再只是单纯为企业打工，而是与企业一同创业。

平台之上

人才是平台之上的人才，平台是人才组成的平台，两者相互依赖，不可分离。海尔是国内创业平台改革的先驱者，张瑞敏将自己定义为"搭建创客平台的人"，将多年的管理经验总结为"企业即人，管理即借力"9个字，创客们在海尔的平台上整合全球一流资源，实现"世界就是我的研发部"的优势整合竞争力。企业平台能够提供自主创业所不能比拟的优势，太阳雨的品牌资产、技术研发、国际并购、金融背书等都是创业团队实现借平台之力的资源后盾。

机制之前

哲学家罗尔斯在《正义论》中将社会财富比作一群人来分配的

一锅粥。"分粥理论"启示我们：先进适用而高效化、公平公正而民主化、奖惩分明而激励化的制度，是内部管理的基础；落后僵化、脱离实际、流于形式的制度安排，不但降低工作效率，反而成为管理的羁绊。机制是人性的调节器，不同的制度能孕育不同的人性，人没有好人与坏人之分，而是有利与弊的两个层面。机制之前指的是企业作为分粥者，是机制设计的掌控人，要根据组织发展所需设计出最优方案，以此带动企业的良性运行。

鸡蛋从内部打破是生命，从外部打破是食物，内外都不打破就是腐坏的没有价值的臭蛋。创见未来，就是从内部打破自己，迸发新的生命力。

从"新"开始　创建未来

i+蜕变，创见未来，是太阳雨用i+战略迎接2017年的成人宣言；新的一年已然开启，太阳雨人齐聚总部，这一次，新产品、新制造、新营销是我们征战2017年的三把利剑。

新产品（New Product）

首先是产品的创意。蒋友柏在《蒋道设计》中提出"设计是一种人性的布局"，创意更是如此。曾在"朋友圈"刷屏的向上折叠的雨伞，颠覆传统的结构和用法，完美解决了雨伞使用中的尴尬和不适，绝妙的创意源自对产品使用体验的洞察。

很多人都说，在没有接触用户时，你90%的想法都是错的；在用户接触你的产品之前，你70%的想法都是错的；在没有覆盖到一定用户量之前，你的40%的想法都是错的。真正有用的创意来自现场问题，来自市场实践，来自生活场景。

其次，产品研发始终围绕三个问题——能用、好用、美观来展开。德国的设计师把设计视为让世界变得更加合理有序的手段，重技术、重功能、强调系统性和秩序感是他们的显著特征，对我们有很大的启发。

最后，设计的风格是产品气质的体现。基于生态理念和技术，太阳雨品牌的设计风格彰显自然与人文融为一体的格调。2017年我们继续邀请林志玲作为太阳雨全球首席品牌官，为我们带来一款全新的太阳能产品外形设计，源自提拉米苏甜品造型的启发，集实用、创新和美学为一体，让大家眼前一亮。

新制造（New Manufacturing）

　　基于大数据和物联网融合系统在工业生产中的大规模使用，工业4.0所引领的自动化和智能化正在席卷全球。德国高技术战略2020将工业4.0确定为十大未来项目之一，并上升为国家战略。新战略的核心力量是新制造的提升，太阳雨逐渐落成国内三大基地、海外基地、三大创投平台（上海自贸区、香港、美国硅谷）、两大电商平台（深圳、连云港）的制造版图；兴建南方、北方、总部（中部）三大基地，同时引入全产业链智能制造，赋予太阳雨规模定制的优势。

新营销（New Marketing）

　　OPPO和VIVO在精英围挤的中国手机市场拿下半壁江山，靠的就是"农村包围城市"的思路，在三、四线城市，以及县级与乡镇、农村市场，以铺天盖地的传播、星罗棋布的渠道、广泛庞大的群众基础成就了其人民战争的胜利。OV的主战场也是太阳雨的核心优势战场，因此，打赢人民战争是我们不变的优势战略思路。

　　首先，聚合营销势能，占领终端前沿阵地。渠道专营是太阳雨2016年开始着力推动的核心工作，从2017年开始将通过TOP10金牌工程商、TOP100标杆代理商、TOP1000品牌经销商计划，并加大力度投入渠道专项资金，全面升级渠道势能，全力打造新终端。

　　其次，响应国家号召，创建太阳雨"生态文明之家"。生态文明建设是中国特色社会主义事业的重要内容，也是未来中国青山绿水发展模式的必经之路。"生态文明之家",是太阳雨融合自身生态理念、生态技术、生态公益价值于一体的具体产品解决方案及号召,将作为2017年的"一年一大事"进行全面推广。

最后,创造保有用户,落地服务第一思想。通过平台保障、组织保障、机制保障真正实现为人民服务。

新产品形成潮流矩阵,新制造实现规模定制,新营销打赢市场战争,利剑待发,创建未来!

低碳之世，舍我其谁

古语讲："不谋万世者，不足谋一时；不谋全局者，不足谋一域"。在刚刚过去的一季度全员大会上，我发表了《低碳之世，舍我其谁》的主题演讲，应该说引发了热烈的反响。面对国家2030碳达峰和2060碳中和的庄严承诺，作为立志成为全球最大清洁热能公司的太阳雨，对孟子当年的那句感叹有着强烈的共鸣："欲平治天下，当今之世，舍我其谁也？"换到今天，可以把这句话改为："欲绿色发展，低碳之世，舍我其谁也。"

一、响应国家号召，抓住低碳机遇：这是天时

在中华崛起和民族复兴的伟大时代，在生态文明和绿色发展的光明未来，我们充满信心、充满希望，更充满力量。中国向来都是缺油、少气、多煤的国家，在中国的能源结构中，一直都是以煤为主体，而煤炭是典型的不可再生资源。面对未来中国经济的持续增长，我国必须走清洁能源的低碳之路，这是不得不作出的必然选择。

习近平总书记已向国际社会做出承诺，中国将在2030年前实现碳达峰，在2060年前实现碳中和，这是中国的两步走战略。而电力主导、高效低碳和绿色清洁正是国家在能源战略上的主导思想。虽然当下离实现碳减排的目标有很大的差距，也有很多的挑

战,但我们从来不怀疑国家对社会重大关切和公开承诺实现的决心。

为此,作为长期聚焦清洁能源行业的龙头企业,我们必须抓住低碳之机、必须扛起时代使命,为国家节能减排目标负起我们应有的担当,作出企业应有的贡献。太阳雨一定会在此轮碳中和的大势中,成为时代的贡献者。我一直相信:"爱出者爱返,福往者福来"。所以,作为时代贡献者的我们也必然会成为时代的受益者。唯有与时代和国家同频共振,才是我们企业最大的商道。

二、构建渠道能力,推广低碳产品:这是地利

为了更好地响应和满足市场的各种需求,我们将以国内七大生产基地为依托,进一步做深做透全国各省市场,并持续拓展我们的工程商网络、代理商网络、经销商网络以及服务商网络。尤其是在县域乡镇市场,太阳雨更是以其强大的品牌影响力和渠道运作与服务能力,在终端市场建立了自己独有的地利优势。

同时,针对不同地区、不同场景下的用户需求,我们先后开发了太阳能+空气能、太阳能+生物质能以及太阳能+电热、燃热以及地热能等多种清洁能源耦合方案,且先后在高原、平原、北方、南方等不同地区做了标杆工程,可以一站式实现清洁热水、清洁采暖、清洁制冷和清洁发电,全方位提供家用、商用和工业用等各种清洁能源系统解决方案。而清洁热能专家,就是我们品牌最好的标签与定位。

截至到2020年底,太阳雨集团已经累计推广太阳能1081万台/套,约合2700万平方米,累计节电量1261亿kWh,相当于1.13个三峡电站的年发电量。节省标准煤4031万吨,累计减排CO_2约1.25亿吨,相当于为地球多种了8100万棵树。用我们董事

长的话说,清洁热能产业,是一个可以让我们为之奋斗终身的产业,是一个惠及子孙后代的产业,投身这个产业,我们感到无比自豪!

三、聚合四方之才,成就低碳团队:这是人和

记得在集团代理商年会上我就说过:"2020年,是我们历史性转折之年;2021年,我们将进入全新的增长轨道。"在面对新冠肺炎疫情的巨大压力下,不论是去年还是今年一季度都实现了逆势下的高速增长。当企业在进入全新增长轨道的时候,就是最重要的发展机遇期,不论是对企业还是个人来说都是如此。在增长轨道上,企业很多事情更容易得以干成;在增长轨道上,企业很多人才更容易得以成就。

当下,公司正在推动合伙制阿米巴项目,就是要逐步构建起"大经营、小管理"的发展体制。让原先自上而下的管控转变为自下而上的推动,让团队成员由原先的被动执行转变为主动经营,并给予团队充分的授权与赋能,在达成企业经营目标的同时实现培养经营人才的目的。最终让企业平台上的每一位奋斗者、合伙人不但物质丰收,还要精神富足,让公司平台成为人才施展拳脚和事业成就的舞台。

我们一贯秉承"崇尚真实、心怀喜悦、锐意进取"的组织文化,而简单、真实、喜悦、进取的团队文化正是每一个太阳雨人留恋的地方。在太阳雨,只可能会因为工作忙碌而身体疲惫,绝不会因为关系复杂而心力交瘁,这是我们与别的企业很大的不同之处。作为一家有人性温度与人文情怀的企业,面对新二十年,太阳雨正以更自信的姿态助力国家绿色发展,并以更宽广的胸怀广纳四方有识之士,一起共谋低碳大业!

双碳新赛道，太空能领跑

2021碳中和高峰论坛暨清洁热能发展大会在太阳雨集团隆重召开。大会邀请了各级政府领导、行业专家、研究院、高校、行业协会及行业媒体等齐聚江苏连云港，共同探讨在碳达峰、碳中和目标下清洁热能行业将迎来怎样的发展机遇和应采取怎样的发展战略。而《双碳新赛道，太空能领跑》就是我在大会上所做的主题演讲。

一、认清国家发展大势：碳达峰+碳中和

当下，国家发展大势中和我们所在行业最密切相关的非碳达峰、碳中和莫属。这个国际承诺将远远超过十年前的家电下乡对行业格局和企业发展产生的影响。虽然双碳目标的实现在中国当下面临诸多的困难和挑战，但我们坚定地相信双碳目标会和探月计划、脱贫攻坚一样如期实现。在双碳背景下，我们行业的历史性机遇就蕴藏在国家碳达峰碳中和的实现路径中，即能源生产的清洁化和能源消费的电气化。

在清洁能源供给端，光伏发电、光热发电将会迎来爆发式的增长和全新的发展态势。如果2060中国实现碳中和，那么太阳能的市场容量将要比现在翻70倍。在国家清洁能源规划中，寄望最大的可再生能源就是太阳能和风能。

在清洁能源消费端，更是我们的主战场。不论是传统的太阳能、空气能热水采暖业务,还是太阳能和空气能相结合的清洁热水、采暖、烘干、制冷、发电一体化解决方案,都将迎来前所未有的发展空间。根据国家相关统计显示,在终端用能消耗中,热能的消耗占据了总用能的50%以上。而我们太阳能和空气能最擅长的领域就是热能。所以,国家提出能源消费电气化替代,这必将推动太阳能,尤其是空气能业务发展迎来黄金时代。

二、看清行业赛道趋势:细分化+全域性

纵观未来40年,中国一定是碳经济的时代。中国清洁热能行业将走上一个全新的历史起点,进入一个前所未有的新赛道,一个不以任何个人或企业意志为转移的发展新阶段。其中以太阳能和空气能为代表的清洁热能行业有两大最显著的趋势就是细分化和全域性。

首先是细分行业。在我们传统热水业务中,除了学校、医院、酒店等细分行业之外,诸如恒温泳池热水、水产养殖热水也在蓬勃发展。在采暖烘干领域各个细分行业更是如雨后春笋般日益兴起,像采暖领域的畜牧养殖采暖、矿井送风采暖、农业大棚采暖以及烘干领域的粮食烘干、污泥烘干、花椒烘干、烟草烘干、中药材烘干等等,每一个细分行业都是一个潜力无限的巨大金矿。

其次就是全域市场。比如,采暖市场不再只是北方采暖,随着老百姓对高品质生活的追求以及南方冬季气温的走低,采暖日益成为南方地区的刚需问题。还有,热泵配套不再只是南方区域,北方多省纷纷出台《绿色建筑创建行动实施方案》,使得北方市场空气能配套也迎来了新的机遇。再有,清洁替代不再只是华北煤改,西北、东北市场清洁替代工作也在如火如荼地开展。

清洁热能这个全新的赛道正在以自身独有的节能环保、绿色低碳、更高性能、更低成本的优势,不断渗透进各个细分行业,不断拓展至全国大江南北。

三、想清企业核心优势：太阳能+空气能；

在国家双碳背景下，所有原先的化石能源生产领域和化石能源消费领域都要掀起清洁能源全面替代潮，否则碳中和根本无从谈起。而在国家碳中和实现路径的规划中，首先，在能源生产端要清洁化，而排在第一位的就是太阳能；其次就是能源消费端要电气化，而在所有热能电气化设备中，空气能的能效更高、能耗更低、性能更稳定、体验更舒适，并且空气能不但能提供热水、采暖、烘干，还能实现夏季制冷等不同场景下的多种需求。

纵观企业过去二十年的发展，太阳能+空气能正是我们太阳雨始终聚焦和布局的领域，我们在广东顺德拥有亚洲单体最大的空气源热泵生产基地，在江苏又新建了一个空气源热泵连云港基地。在《2021中国房地产开发企业综合实力TOP500》首选供应商服务商品牌测评研究报告中，太阳雨品牌在太阳能系统类品牌首选率高居榜首，在空气源热泵类品牌首选率排名前三，与格力、美的并肩。

太阳雨始终聚焦清洁热能产业，并立志要成为全球最大的清洁热能公司。太阳能+空气能既是我们在清洁能源领域的主导产业，也是太阳雨品牌在清洁能源领域的核心优势。通过太阳能+空气能实现一站式提供清洁热水、采暖、烘干、制冷、发电等系统化解决方案。可以说，在中国能同时拥有太阳能和空气能两大产业优势，而且是行业领导品牌又是上市公司资质的，除了我们好像还没有第二家。

我们以更开放的姿态，愿与所有同行一道，认清国家大势、看清行业趋势、想清企业优势，在双碳新赛道上开创品牌新传奇，跑出企业新辉煌。

寻找正在发生的未来

在 2021 年的新春开工大会上，我给全体人员做了一个主题报告，题目就是《寻找正在发生的未来》。面对始终不确定的外部环境，我们必须找到哪些是不变的要素，并将有限的战略资源聚焦在未来不变的前提之上。正如我们所在的清洁能源行业，不论环境如何变化，社会对更绿色、更廉价的清洁能源的需求是不变的；不论环境如何变化，客户对更集成、更智能的一站式清洁热水、清洁采暖、清洁制冷与清洁发电解决方案的需求是不变的；不论环境如何变化，用户对好而不贵的产品以及更高效、更优质服务的需求是不变的。在这次报告中，洞察、部署和举措是我讲的三个核心关键词，洞察即看法，部署即想法，举措即打法。

一、面对环境的洞察

洞察力，是一个 CEO 最重要的能力。我们必须打开认知的天花板，因为所有的极限都来自认知的局限。面对当下，我认为有三件事情是正在发生的、即将到来的未来。

首当其冲的就是国家提出的 2060 碳中和目标。罗振宇在 2021 年的跨年演讲中也重点提到，如果 2060 年，中国实现碳中和，中国的能源产业将从资源属性切换到制造业属性。凭借中国制造业不断优化，持续迭代，效率越来越高，成本越来越低的特性，将释放出一个巨大的经济增长空间。到那时，中国核能的装机容量将是现在的 5 倍，风电的装机容量将是现在的 12 倍，而太阳能则会是现在的 70 倍。

其次就是颗粒度经济，在数字化技术的推动下，一个新商业范式将诞生，就是生产要素的精细化和运营流程的准配化。这也就意味着从原先做价值增量要过渡到价值重构与价值再造上来，即从量变走向质变。这也是廖建文博士在长江校友会上提到的观点，我非常的赞同。

最后就是 Z 世代群体。麦肯锡把 Z 世代定义为"从小接触互联网、社交网络和移动网络，真正的数字时代的原住民"。他们受到全方位、多元文化的熏陶，这一群体对消费市场的选择，将不可避免地成为未来商业最大的变数。

而碳中和目标、颗粒度经济和 Z 世代群体即是正在发生的、即将到来的未来！为此，时代才是我们最大的商道，与时代同频共振就是企业最大的商机。

二、制定未来的部署

基于对国家"碳中和目标"、"颗粒度经济"和"Z 世代群体"的外部洞察，进一步坚定了太阳雨集团清洁热能专家的战略定位，坚定了我们推动数智化升级的变革决心，以及坚定了我们重仓年轻人的经营理念。

此外，我们还提出了自己的十大坚定不移，有战略层面，也有策略层面。其中在战略层面就是上面提到的三条。首先是清洁热能战略坚定不移，承接国家碳中和目标；其次是数智驱动升级坚定不移，迎接颗粒度经济；最后是机制创新变革坚定不移，重仓 Z 世代群体。其中重仓年轻人有两层含义：一是重仓外部的年轻用户，把握消费市场趋势，让品牌更年轻；二是重仓内部的年轻干部，将决策权进一步下放，让95后逐渐成为企业经营的主角。

与此同时，在会议上我还发布了未来五年太阳雨集团的五大部署。就是要通过与时代、与国家同频共振，来放大品牌的格局和境界，要在中国全面崛起和民族伟大复兴的历史征程中，作出我们中国品牌应有的贡献和力量。

三、实现目标的举措

围绕企业整体战略和未来五年部署，2021年我们提出"高目标、高收入"的指导思想，并绘制了经营目标与对策举措的双向保障图，即经营目标要自上而下层层展开，对策举措要自下而上层层保障，最终形成目标与举措的双向保障体系。

在2021年，我们将统筹核心业务战场、成长业务战场和新兴业务战场这三大战场，做好盘存量、寻增量和创新量的工作；同时提升产品开发供应能力、业务模式创新能力和组织赋能服务能力这三大能力，打造产品竞争力、渠道竞争力和协同竞争力；此外，我们还将发起价值观重塑之战、经营体模式之战和数智化升级之战，从而打赢理念战、机制战和工具战。未来20年，要努力把企业推向全新的增长轨道，开创全新的发展局面。

我们的终极目标就是要把"太阳雨"这三个字打造成一个超级符号：一个代表清洁热能产业的超级符号，一个引领热能行业发展的超级符号，也是一个体现绿色、自然、科技、生活的超级符号，更是一个热衷公益事业、给人传递温暖与爱的超级符号。

太阳雨，一个正在发生的、未来的超级符号。

后　记

梦想的力量

"我有一个梦想。我梦想有一天，在佐治亚的红山上，昔日奴隶的儿子将能够和昔日奴隶主的儿子坐在一起，共叙兄弟情谊。"美国黑人民权运动领袖马丁·路德·金的著名演说至今仍是很多梦想者前行的信仰。没有梦想的人生一定是惨淡的，正是因为有了梦想我们才有了力量，才会在执着追求梦想的过程中创造人生价值。当梦想凝聚在一起时，力量更是无穷之大。

2013年，关于梦想每个人都耳熟能详的便是"中国梦"了。习近平总书记用通俗易懂的逻辑深刻阐述了"中国梦"，统领国家发展蓝图，引发了公众的广泛共鸣。中国梦激发了人们更深刻地思索梦想的价值，从国家梦想到个人梦想，我们有必要沉下心来重新审视自己心中的梦想。企业作为市场经济的主体，更需要一个共同的梦想引领前行。在新的一年里，我们展望了属于自己的"太阳雨梦"。

太阳雨梦的本质

习近平总书记在讲话中提到：中国梦归根到底是人民的梦，必须紧紧依靠人民来实现，必须不断为人民造福。对太阳雨梦而言，归根结底是每一个太阳雨人的梦，而不仅仅是老板和职业经理人的梦。2007年，太阳雨正处在快速成长期，在一次会议上我做了主题为《我有一个梦想》的讲话，表达了对太阳雨未来的期待和信念，在场的每一位营销人员热情澎湃，使我深刻感受到了力量的凝聚，正是每一位太阳雨人内心深处迸发的热情与梦想成就了太阳雨的今天。

最近流行一个词"高富帅"，可以十分贴切地描述现在的太阳雨："高"是指我们的品牌有高度，"富"是指我们作为首家上市企业有资本的厚度，"帅"则是我们的市场业绩够帅气。前不久在接受新华网的访谈中，我首次畅谈了太阳雨梦，太阳雨的企业使命是让阳光改变生活，用绿色还原世界。这个使命传达了让阳光造福生活的理念，这就是太阳雨的中国梦。

太阳雨梦的目标

实现中华民族伟大复兴的中国梦，就是要实现国家富强、民族振兴、人民幸福。太阳雨梦的目标我同样总结了三点：企业强盛、行业振兴、员工幸福。

企业强盛主要有三个具体的目标：第一，到 2015 年真正实现从领军品牌成长为领导品牌，目前太阳雨在市场业绩和品牌力上是当之无愧的第一品牌，接下来要继续提高市场占有率，扩大与竞争对手的差距，真正坐到领导品牌应有的位置。第二，到 2020 年年底，累计推广 1 亿平方米的太阳能集热器和一百万台（套）空气能，相当于为地球种了约三亿棵树。第三，社会责任层面，我们将继续通过太阳雨公益慈善基金推进阳光浴室建设，为偏远地区的小学、福利机构等送去热水，为世界传递温暖。

行业振兴，也就是从产业层面来讲，我们有责任引领整个行业健康发展，带动技术升级、产业升级和资本升级。通过不断完善行业的各项规则和指标，树立太阳能光热行业的良好形象。只有树品牌行业，方能建行业品牌。

太阳雨梦的第三个目标是员工幸福。稻盛和夫曾说过这样一段话："企业是为了全体员工的幸福而存在的，企业如果仅仅为了追求利益而不顾员工的幸福，那么员工的心就会离去。因此，只有把员工的幸福放在第一位，大家团结一心，经营者与员工的心灵产生共鸣，企业才能走出困境，才能获得健康发展。"企业强盛是每个员工贡献智慧和汗水的成果，因此我们会不遗余力地提升员工薪水和福利，创造更好的发展平台，为员工的幸福提供坚实的物质基础。在精神层面，引导员工建立正确的世界观、人生观和价值观，在企业中获得成长感、成就感和归属感。

实现太阳雨梦的途径

实现中国梦必须坚持走中国特色社会主义道路，必须弘扬以爱国主义为核心的民族精神和以改革创新为核心的时代精神，必须凝聚中国各族人民大团结的力量。实现中国梦的三个途径在太阳雨梦的阐述中都能找到缩影。

坚持太阳雨道路，即坚持让阳光改变生活。太阳能作为清洁、环保的新能源，对未来经济发展和环境保护有不可估量的价值，通过技术升级改进产品，用理念传播引导社会观念，继续为经济社会的可持续发展造福。

弘扬太阳雨精神就是要打造真实、喜悦、进取的团队风貌。真实就是要客观地辨别和思索，迸发真实的力量；喜悦指的是面对工作和生活的心态，让正能量在太阳雨集体中传递；进取是不断突破、再创新高的精神。实现太阳雨梦要凝聚太阳雨人的力量，号召每一个太阳雨人要做现实的理想主义者，面对现实，忠于理想，实现自我价值和企业发展的同步提升。

习近平总书记在阐述中国梦时有这样一句话:"有梦想,有机会,有奋斗,一切美好的东西都能够创造出来。"太阳雨梦不仅是企业自身的梦,更是太阳能光热行业的中国梦,坚持梦想,抓住机会,全力奋斗,让梦想的力量一如既往!

图书在版编目（CIP）数据

心营销：营销3.0的人文解读及实践 / 陈荣华 著. —北京：东方出版社，2019.1
ISBN 978-7-5207-0664-3

Ⅰ.①心…　Ⅱ.①陈…　Ⅲ.①市场营销　Ⅳ.①F713.3

中国版本图书馆CIP数据核字（2018）第270219号

心营销：营销3.0的人文解读及实践
（XIN YINGXIAO: YINGXIAO 3.0 DE RENWEN JIEDU JI SHIJIAN）

作　　者	陈荣华
责任编辑	王　萌
出　　版	东方出版社
发　　行	人民东方出版传媒有限公司
地　　址	北京市东城区朝阳门内大街166号
邮　　编	100010
印　　刷	鸿博昊天科技有限公司
版　　次	2019年1月第1版
印　　次	2023年11月第2次印刷
开　　本	880毫米×1230毫米　1/32
印　　张	9.75
字　　数	130千字
书　　号	ISBN 978-7-5207-0664-3
定　　价	39.00元

发行电话：(010) 85924663　85924644　85924641

版权所有，违者必究
如有印装质量问题，我社负责调换，请拨打电话：(010) 85924602　85924603